JN409458

해녀와
초가집

김백윤 수필집

해녀와 초가집

수필과비평사

| 작가의 말 |

고요한 아침, 바다의 문을 연 태양이 물살을 박차고 얼굴을 내민다. 햇빛이 단숨에 달려와 호수에 풍덩 빠진다. 몸을 말끔히 씻은 햇살은 돌담을 어루만진 뒤 초가지붕 위에 사뿐히 올라앉는다. 아내는 테왁과 망사리를 손보느라 바쁘다. 물질하러 가는 날은 어느 때보다 활기에 차 있다. 초가와 아내가 안온한 풍경으로 다가온다. 글을 쓴다는 건 얼마나 가치 있는 일인가. 소중한 순간을 기록할 수 있으니 말이다. 일상의 풍경이 특별하게 다가오고 이미지화되어 가슴으로 스며들 때 팔딱이는 글의 숨결을 느낀다.

그러나 글이 술술 풀리는 일은 극히 드물다. 시각적 형상에 활자 옷을 제대로 입히지 못하니 고뇌가 따른다. 단어 하나를 선택하는 데도 생각이 요동친다. 퇴고 과정도 만만치 않다. 미처 정리하지 못한 글이 머릿속을 헤집고 다녀 잠을 설칠 때도 있다. 어떻게 쓸 것인가를 생각하기 전에 철저하게 고독해져야 한다는 걸 실감한다. 깊은 사색을 얻기 위해서다.

글쓰기는 재미있는 일이라고 스스로 주문을 건다. 인생에서 꼭 풀어야 할 밀린 숙제라는 의미도 부여해 본다. 사실 지성과 감성을 가꾸는 일이기도 하다. 마음의 텃밭에서 얻은 수확물을 독자들과 함께 공유하고 싶은 게 솔직한 심정이다.

수필의 세계 속으로 발을 디딘 건 우연이었다. 1년 동안 혼자 지낸 적이 있는데 모든 게 한정된 생활은 외로움을 소나기로 몰고 왔다. 뭔가를 하지 않으면 견딜 수 없을 것 같았다. 그때 시작한 게 책 읽기와 글쓰기였다. 책상 앞에 앉아 차분히 하루를 정리했지만, 장르도 형식도 분명치 않은 일기에 불과했다.

일 년간 꾸준히 쓴 게 노트 25권의 분량이었다. 잘 정리하여 책으로 만들고 싶었으나 쉽지 않았다. 제대로 된 글쓰기의 필요를 느꼈다. 어느 날 지인의 집에서 본 수필 수강생 모집 요강이 수필 세계로 들어가는 관문이 되었다.

수강생은 모두 등단한 분들이었기에 다른 세계에 있는 것처럼 얼떨떨했다. 무슨 말인지 몰라 수없이 되새겨야 했다. 특히 합평할 때면 번갈아 의견을 제시하는데 내용을 수용하기에도 벅찼다. 처음에는 말이 없으니 원래 그런 사람으로 여기는 듯했다. 그러나 차츰 글이 주는 매력 속으로 빠져들었다.

황혼의 언덕에 올라보니 노을빛에 반사된 세상이 아름답다. 아니, 세상을 아름답게 바라볼 수 있는 눈이 뜨인 것이리라. 글을 쓰고 난 뒤에야 알았다. 내게도 글쓰기에 대한 목마름이 가득했다는 것을. 그 열망이 자양분이 되어 주었다.

한 걸음 두 걸음 걸어온 수필의 길에서 주워 담은 열매를 모아 첫 수필집을 엮는다. 아람이 되기에는 부족한, 이제 싹을 틔운 정도에 불과하다. 그래도 길을 알았으니 열심히 가려 한다. 생명의 본질인 푸른 나무로 성장하여 독자들에게 쉼터가 되겠다는 야무진 생각도 해본다.

예기치 못한 사건에 연루되어 교도소에서 보낸 일 년에 대한 기록은 이미 일부가 『365일, 교도소를 읽다』라는 책으로 발간되었다. 나머지 기록은 다시 정리할 생각이다. 그때의 일들이 내 생에 많은 영향을 미쳤다.

사방은 차갑고 막막한 벽이었다. 마음도 벽에 갇힌 듯 부자유스러웠다. 한 줄기 햇살과 바람에 의지하던 때 고양이는 친구가 되었고 책은 자유의 다른 이름이었다. 노트를 가득 채운 그때의 느리게 흐르던 시간, 지나고 보니 그때가 인생의 터닝포인트였다. 그곳에서 쓴 글 몇 편을 제5부와 제6부에 싣는다.

『해녀와 초가집』 발간에 도움을 주신 분들과 수필의 길로 이끌어 주신 허상문 교수님께 깊이 감사드린다. 그리고 언제나 나를 신뢰하는 아내와 먼 곳에 계신 어머님께 이 책을 바친다.

2021년 늦가을

김백윤

차례

물질하는 아내

제1부

제2부

어머니의 마당

제3부

어둠과 빛의 간격

제4부

바다의 변주곡

제5부

색을 잃어버린 계절

제6부

날개를 꿈꾸다

제1부

물질하는 아내

집줄*

호수의 아침은 철새들의 울음소리로 시작된다. 먹이를 찾는 새들이 파닥이며 물살을 박차고 오를 때 호수는 깊은 잠에서 깨어난다. 자욱한 물안개 사이에 스며있던 고요가 철새의 날갯짓에 부서진다. 돋을볕에 반짝이는 물빛 위로 철새가 원을 그리며 날고 있다. 아침은 불쑥 찾아오는 게 아니다. 호수와 철새, 물안개와 햇살이 서로 어우러지고 연을 맺으며 아침이라는 풍경을 만들어낸다.

---

* 집줄: 초가지붕을 얽어매기 위해 새(띠)를 꼬아 만든 줄(제주방언).

햇살은 바다를 지나고 길을 건넌 뒤 호수를 거쳐 초가지붕에 와 닿는다. 밤사이 우주를 품고 어둠을 지켰던 지푸라기 줄기 줄기가 빛을 받아 반짝인다. 초가는 햇살을 튕겨내지 않는다. 여느 지붕과 다르게 빛을 안으로 들여 안온한 색으로 거듭난다. 초가가 가진 특징이다. 이엉을 단단하게 묶고 있는 굵은 줄에 믿음이 간다. 가지런하고 야무진 품새가 아기를 안고 있는 엄마의 모습을 떠올리게 한다.

하늘을 머리에 이고, 오랜 세월을 버텨온 의지가 마디마디 반듯한 형태로 거듭났다. 비바람에 쓸린 흔적과 불볕더위에 데인 상처는 아물고 덧나기를 여러 번 반복했으리라. 그래서일까. 오히려 단단해진 줄은 지붕을 꼭 끌어안고 있다. 70여 년 동안 고수해온 집이다. 이엉도 여러 차례 새것으로 바뀌었고 줄도 다시 매어졌다. 하지만 그것들은 동떨어진 게 아니었다. 하나이면서 전부이고 전부이면서 하나였다. 그렇게 이어지기를 반복하며 현재에 이르렀다.

초가는 제주의 역사를 고스란히 품고 있다. 또한 어머님을 기억하고 추억하는 유산이기도 하다. 어머님의 숨결이 스며있는, 아직도 느낄 수 있는 최고의 사랑이다. 부모가 자식을 위해 무조건

희생하듯 묵묵히 자신의 자리를 지키는 모습이 다부지다. 이엉을 보듬는 줄과 줄을 원하는 이엉이 서로에게 깃들어야 지붕은 완성된다.

하나하나는 약하고 힘이 없는 지푸라기지만, 뭉치고 엉키면 이엉이 되고 지붕이 된다. 마치 한 사람 한 사람이 모여 우리가 되고 가족이 되고 사회가 되고 국가가 형성되는 것과 같다. 사람은 알게 모르게 수많은 인연을 만든다. 그렇게 이어지고 손을 잡듯이 사방으로 뻗어 나간다. 그러나 이어지기만 하는 것은 아니다. 집줄이 끊어지면 지붕이 허물어지듯 사람의 연도 끊어졌다 이어지기를 반복한다. 스스로 놓아버리기도 하고, 저절로 끊기는 경우도 허다하다.

인연은 행복의 원천이 되기도 하고, 의도치 않은 슬픔의 실마리도 된다. 억지로 이으려고 하면 끊어지기도 하고, 간절히 원한다고 해서 이어지는 것도 아니다. 이엉이 줄을 받아들이는 건 줄의 성질을 알고 있어서다. 마찬가지로 사람에게 있어서도 상대방의 마음을 헤아려야 단단하게 이어갈 수 있다.

어린 시절에는 동네 집들이 죄다 초가였다. 그러던 것이 1970년대 새마을 사업으로 지붕개량이 이루어졌다. 우리 마을도 예외는 아니어서 하나둘씩 현대식으로 바뀌게 되었고 결국 우리 집만 옛 모습 그대로 남았다. 한때는 관리하기가 힘들어 현대식으로 바꿀까도 생각했다. 지붕을 덮는데 필요한 새(띠)를 장만하기가 힘든 이유였다. 예전에는 새왓(띠밭)이 있었다. 새를 채취할 시기가 되면 동네 사람들이 서로 힘을 합쳤다. 시대가 변하면서 예전의 새왓은 사라진 지 오래다. 농사가 기계화되고 무분별한 개간이 이루어지는 바람에 초지 대부분이 사라져버렸다. 지붕이 현대식으로 바뀌면서 새가 필요 없어진 이유도 한몫했다.

새를 구하기도 어렵지만, 더욱 곤란한 건 지붕을 제대로 교체할 기술자를 찾기 힘든 것이다. 초가 일색이었을 때 일했던 사람들은 대부분 팔십을 넘긴 노인이 되었다. 그런 사정이니 지붕에 오를 엄두가 나지 않는 건 어쩌면 당연하다. 당시만 해도 지붕을 교체할 일손 구하기가 쉬웠으나 지금은 그런 기술을 배우려는 젊은 사람이 없다. 그만큼 필요를 느끼지 않아서일 게다.

몇 년 전까지만 해도 동네 어른들의 도움을 받았으나 이젠 어쩔 수 없이 민속촌 사람들에게 초가집 관리를 맡기고 있다. 그럴 때마다 영 마음이 내키지 않는다. 예전처럼 집에 대한 이력을 잘 아는 동네 사람들이 해줬으면 하는 마음에서다. 더욱이 내가 태어나고 자란 집이라 애착이 더한 것인지도 모르겠다.

삶은 인연의 연결고리라는 생각이 든다. 그러나 간혹 버거울 때도 있다. 벗어버리고 끊어버리고 싶을 때는 가슴을 짓누르기도 한다. 그렇다고 선뜻 놓아버릴 수도 없는 게 세상살이 아니던가. 돌고 돌아 끝없이 이어진다. 그러니 항상성을 유지하기 위해서는 수시로 되돌아보고 점검해야 한다. 엉키면 풀어주고 각이 서면 어루만져주는 일에 소홀할 수 없다.

거센 비바람을 막아주고 무더운 여름도 비껴가게 하는 집은 어머님의 혼이 담겨있다. 어머님을 마음에서 놓지 못함은 초가의 뿌리가 인연에 맞닿아 있어서다. 하지만 어머님이 그랬듯이 나 또한 언젠가는 물러날 때가 오리란 걸 안다. 그렇더라도 오늘, 다시 초가집에 마음을 담는다.

아침 햇살을 받아 이엉이 반짝일 때 마음에도 빛이 일어선다. 그건 어떤 희망 같기도, 굳은 의지 같기도 하다. 굵은 집줄에 새겨져 있을 세월의 궤적을 되짚어보며 인연들을 생각하는 사이, 호수가 빚어놓은 맑은 바람이 가슴에 환한 무늬를 만들고 있다.

물질하는 아내

어둠 사이로 서서히 햇귀가 퍼진다. 이내 햇빛은 어둠을 사르고 바다 위에 우뚝 솟는다. 바다는 몸빛을 바꾸느라 분주한데 갈매기 한 마리가 푸른 아침을 물고 창공으로 날아오른다.

해풍이 불어와 잔잔한 호수를 깨운다. 동그랗게 퍼져나가는 물살을 밟는 철새들의 날갯짓 소리가 들린다. 앞마당 같은 호수는 어릴 적부터 무시로 바라본 곳이다. 호수는 계절에 따라, 날씨에 따라 그 모습을 달리한다. 안개가 자욱한 날은 신비스러움으로,

바람이 부는 날은 역동적으로 보인다. 가끔은 마음 상태에 따라 호수가 달라 보일 때도 있다.

이 시각이면 부지런히 집안을 오갈 아내의 움직임 소리가 들리지 않는다. 아직 잠자리에 있다. 평소에 없던 일이라 잠든 아내의 얼굴을 바라본다. 어제 종일 밭일을 했던 터라 많이 피곤했던 모양이다. 허약체질인 아내를 염려해 만류했지만, 기어이 비어 있는 큰조카 집 텃밭을 괭이로 일궈 무와 배추를 심었다고 한다.

민박을 치는 것만으로도 버거울 텐데 왜소한 체구 어디에서 그런 힘이 나오는지 모르겠다. 아내는 보기와 달리 모도리 같은 면이 있다. 내가 집을 자주 비우는 바람에 혼자 살림을 꾸리느라 억척스럽게 변해 가는 건 아닌지 마음이 켕긴다. 항상 가까이 있기에, 또 언제나 변함없는 모습이기에 소홀히 한 건 아닐까 싶기도 하다.

한때 집안일보다 밖에서 하는 일을 더 중요하게 생각하며 살았다. 그때는 아무것도 모르고 날뛰는 망둥이나 다름없었다. 정말 돌봐야 할 내 주변을 살피지 않고 하고 싶은 일에만 매달려 지낸 시간을 생각하면 이 경건한 새벽을 대하기가 부끄럽다.

하도리는 바닷가 마을이라 해산물이 가정경제의 큰 몫을 차지한다. 아내가 물질을 시작하기 전, 어느 해 따뜻한 봄날이었다. 바다에서 소라, 오분자기, 문어 등을 망사리 가득 짊어지고 나오는 해녀를 보던 아내가 불쑥 말했다.

“여보, 나 물질하면 안 돼? 나도 저 해녀들처럼 잘할 수 있을 것 같아요.”

느닷없는 말에 나는 펄쩍 뛰었다. 아내는 이미 40대 중반을 훌쩍 넘어섰기에, 물질하기에는 무리라는 생각이 들었다. 깜냥 없이 덤비는 섣부른 생각이라 치부했다. 다시는 그런 말 말라며 눈을 부라린 채 나무라고는 넘겨버렸다.

그 후 여름 어느 날이었다. 평소 같으면 집에 있어야 할 아내가 보이지 않았다. 집안 곳곳을 찾아보고 주변도 둘러봤지만 없다. 휴대전화로 연락해도 받지 않아 마음이 초조해졌다. 비교적 한적한 동네인데 그날따라 더 조용했다. 갈 만한 곳을 가늠하며 찾아다니다가 동네 어르신을 만났다.

‘자네 집사람 큰형수와 같이 바다로 가더라.’는 게 아닌가. 부랴부랴 바닷가에 도착하니 갯바위 끝에 형수 혼자 앉아 있는 게 보였다. 헐떡이며 그쪽으로 다가갔다. 형수는 내가 온 줄도 모르고 바다를 향해 고함치듯 얘기하고 있었다.

바다 쪽으로 시선을 돌리다 너무 놀라 발을 헛디딜 뻔했다. 아내가 바다에 떠 있는 게 아닌가. 작은 손으로 테왁 망사리를 겨우 붙잡고, 새파래진 입술로 어찌할 바를 몰라 허우적댄다. 나 또한 당황하여 우두망찰 서 있었다. 인기척을 느꼈음인지 형수가 뒤돌아보았는데 오히려 담담한 표정이다. “아주방 와서? 어떻게 찾안?” 하며 아무렇지도 않다는 듯 웃는다. 그 모습에서 바다와 삶을 같이한 한 사람의 옹골진 삶이 느껴졌다.

형수는 아내가 하도 조르는 바람에 할 수 없었노라 했다. 물질을 배우기 위해 큰동서를 스승으로 모신 셈이다. 아내의 생각이 놀랍고 기특하여 만류하지 못했다며 형수가 대신 상황을 설명한다.

“힘들엉 못헌덴 허여도 해보고 안 되면 그만두겠다고 해서 왔는데, 물질 허여지커라.”

걱정하지 않아도 좋겠다고 말하는 형수의 얼굴에는 무척 흡족해하는 빛이 서렸다. 바다에서 테왁과 씨름하다가 나를 보았는지 아내가 뭍으로 나온다. 허둥대던 모습과는 달리 자신감에 차 있다. 야단맞을까 싶어 먼저 선수 치는 아내의 의지가 강해 보여서 “힘들지 않아?”라고 물었을 뿐 더는 말을 못 하고 말았다.

아내와 함께 철썩이는 파도 소리를 들으며 집으로 향하는데 이런저런 생각으로 마음이 편치 않다. 남편이 얼마나 못났으면 아내에게 물질을 시키느냐고 나무랄 동네 사람들을 생각하니 얼굴이 화끈거렸다. 그러나 아내는 가정 살림에 보탬이 되기 위해서라기보다는 남편 밥상에 신선한 해산물을 올리고 싶어서라고 말한다. 물질을 꼭 배우고 싶다며, 자신 있다고 큰소리까지 쳤다. 아내의 깊은 마음을 헤아리지 못한 게 오히려 부끄러웠다.

어렵고 힘든 일이 닥쳐야 아내를 소중한 존재로 인식하니 나는 아직도 덜된 사람이다. 그동안 얼마나 기대고 싶었을까. 가장의 몫을 제대로 하지 못했던 일들을 새삼 되돌아보았다. 언제나 그 자리에 있으니 소중함과 고마움을 몰랐다. 어려운 살림에도 불구하고 화목한 가정을 지키려고 애쓴 아내다. 그 마음이 물질에까지 닿았으니 좁은 소견으로는 헤아리기가 힘들었다.

몇 개월 동안 아내에게 물질을 가르친 형수는 이미 세상을 떠났다. 형수 덕분에 이제 아내는 능숙한 진짜 해녀가 되었다. 해산물 밥상뿐 아니라 가정경제에도 보탬이 될 만큼 실력도 점점 좋아졌다. 이제는 물질하고 돌아오는 아내를 마중 나가는 발걸음도 한결 가볍다.

있는 듯 없는 듯 늘 옆에서 같이하고, 깊이를 알 수 없어도 늘 품어주는 아내는 호수를 닮았다. 생명을 살리는 호수처럼 아내의 마음에도 끊이지 않는 깊은 샘물이 있는 것을 안다. 그 샘물로 인해 탁한 마음이 정화되는 것도 이제는 알겠다.

호수를 바라보며 사색에 잠겨 있는 동안 아내가 잠에서 깼는지 발소리가 들린다. 오늘은 아내와 마주앉아 물안개 걷히는 호수를 함께 바라보고 싶다.

갈대숲

새벽녘, 덜컹거리는 소리에 잠에서 깨고 말았다. 바람이 더 거세졌는지 밖이 요란하다. 다시 잠을 청하려 누워봐도 이미 달아난 잠은 찾아올 기미가 없다. 동이 트려면 아직 멀었는데 창밖이 희붐하다. 유리문으로 마당을 바라보니 휘뚜루마뚜루가 따로 없다. 물건들이 바람의 발에 차여 이리저리 나뒹군다. 문득 호수 주변 상황이 궁금해졌다.

간밤에 바람과 격렬하게 몸싸움을 벌였을 갈대들은 어찌하고 있을까? 가냘픈 몸으로 넘어지지 않으려고 몸부림치던 모습이 궁금하여 자리를 털고 일어났다. 아내가 깨지 않도록 조심스레 문을 열고 밖으로 나오니 찬바람이 등을 후려친다.

밖은 사물을 식별할 수 있을 정도로 희붐하다. 호숫가에 있는 나무며 풀들은 벌써 바람의 손아귀에 붙잡힌 듯 흔들린다. 억센 바람은 그것들의 허리를 아예 꺾을 듯이 몰아친다. 그럴 때마다 갈대는 몸을 수그려 등으로 바람을 막는다. 휘어지고 꺾어지기를 반복하는 모양이 마치 베토벤의 「월광 소나타」 3악장을 연상케 한다. 격정적인 몸부림으로 새벽 무대를 채우고 있다.

바람의 기세가 유독 거센 곳은 호수다. 큰 키에 여리여리한 몸을 가진 갈대가 서로 어깨를 겯고 있는 호숫가는 바람이 스며들기 좋은 곳이다. 보이지 않지만, 기다란 팔을 앞세우며 기세를 떨친다. 호수 위에서 먹이를 찾던 철새들도 세찬 바람을 견디지 못해 갈대숲으로 바삐 숨어버린다. 물결을 이루는 호수가 한바탕 굿 놀이판처럼 떠들썩하다.

평소 자신을 내세우지 않는 갈대지만 바람이 부는 날은 숨겨둔 열정을 발산한다. 게다가 혼자가 아니다. 같이 움직이고 같이 멈춘다. 바람에 쓰러지지 않는 이유다. 갈대는 비좁은 터를 기반으로 자란다. 서로 치열하게 경쟁하면서도 자신만의 이익을 탐하지 않는다. 어우러져 세력을 넓혀 나간다. 그 결집력으로 생을 유지하는지도 모른다. 이들이 강한 응집력을 발휘할 수 있는 건 서로에 대한 믿음이 있어서다.

잔잔하게 바람이 일 때는 물결치듯이 부드럽게 휘어져 색다른 풍경을 자아낸다. 나무나 벽처럼 꼿꼿하게 경직된 채 각을 이루지 않는다. 완만한 곡선의 둥긂을 지향한다. 삭막한 풍경을 풀어내 서로에게 깃든다. 만약 갈대가 없다면 호수는 얼마나 허허로울 것인가.

큰바람이 불어와도 뿌리를 내어주지 않는 결기가 돋보인다. 어떠한 압박에도 굴하지 않고 자신의 신념을 지켜내는 강한 중심을 가졌다. 바람에 휘청거릴지라도 삶을 포기하지 않는 건 내공이 강한 것들의 속성일지도 모른다. 흔들리는 걸 본 적은 있지만, 뿌리째 뽑히는 나약함은 보지 못했다.

인간이 세상을 살아가는 방법 또한 이처럼 유연하다면 어찌 힘들기만 하겠는가. 어우러져 살아가는 돈독한 모습에서 우리의 삶을 돌아본다.

갈대는 억새와 함께 늦가을을 상징하는 여러해살이풀이다. 억새가 주로 산등성이에 군락을 이뤄 산의 허전함을 채운다면 늦가을과 겨울 사이, 을씨년스러운 풍경에 깃들어 온기를 채우는 게 갈대다.

따뜻한 색으로 물든 가을날, 갈대숲을 거닐면 마음이 순해진다. 여릿한 몸이지만 서로를 의지하고 속살거릴 때 감성의 문이 살짝 열린다. 햇살도 자리를 펴고 앉아 일어날 줄 모른다. 깃들어서 아름다운 것이 있다면 호숫가에 비끼는 햇살이다. 갈대가 있어 호수의 사계는 늘 새롭다. 봄의 서정과 여름의 열정, 가을의 감성과 겨울의 고즈넉함이 호수를 생동감으로 차오르게 한다. 동살에 반짝이는 호수의 물결엔 평온함이 있고, 저녁노을에 불그름히 물들어가는 그곳으로 시간의 그림자가 깃든다.

큰 키에도 불구하고 중심을 잡는 줄기 속은 텅 빈 채다. 비워야 비로소 채워지는 것임을 알게 한다. 욕심으로 가득 찬 마음속을 들킨 것 같아 무안해질 때면 괜히 발걸음이 빨라진다. 사람들이 하찮게 생각하는 나무나 풀도 자세히 들여다보면 이치와 도리가 숨어 있다. 식물들의 꼿꼿함을 무심히 볼 수 없는 이유다.

갈대를 흔히 변심한 여인의 모습으로 비유하기도 한다. 그러나 흔들릴지언정 가볍지 않다. 꽃말에는 신의, 믿음, 지혜라는 뜻이 있다. 오래 지켜보며 살아온 덕분에 그 의미를 헤아린다. 머릿속이 산란하고 어수선할 때 푸른 호수와 따뜻한 색을 가진 그것들을 바라보면 마음이 진정된다. 어쩌다 이렇게 바람이 세게 부는 날은 몸속에 흐르는 바람을 느낀다.

이 시간이 지나고 나면 갈대는 다시 곧게 서리라. 그리고 조연일지언정 몸을 가다듬고 호수를 향해 깊은 시선을 보내리라. 바람은 아직 갈 방향을 잡지 못한 것 같다. 호수에서는 한바탕 큰굿이 더 벌어질 모양이다.

우도 등대

뭔가 풀리지 않는 일로 머릿속이 복잡할 때면 바다를 찾는다. 막힘없이 펼쳐진 바다를 보면 답답한 마음에 바람길이 생긴다. 바다가 가슴을 열어 보이는 순간, 쏟아져 나온 시원한 바람이 살갗을 간질인다. 바람이 일어설 때마다 파도는 바다의 계곡을 오르내린다. 바람과 파도의 어우러짐이 바다를 더 운치 있게 한다.

파도의 깊이를 헤아리며 우도를 바라본다. 소가 길게 누운 형상을 한 작은 섬, 우도가 바다 가운데 짙푸른 빛으로 존재감을 드러낸다. 소의 머리 부분에 해당하는 곳에는 등대가 우뚝하다. 제주도 등대 중 가장 오랜 역사를 지니고 있다. 처음에는 무인이었던 것이 유인으로 바뀌었고 최초의 등대는 낡고 쇠하여 교체되었다. 우도와 주변 바다를 밝히던 오래된 등탑은 등대 문화재로 영구히 보존 중이다. 그 역사적 가치가 인정되어 노장의 대우를 받는 것이리라.

어린 시절, 우도는 내게 친숙한 곳이었다. 아버지를 따라 자주 다녔기에 낯설지 않았다. 아버지는 우도에서 태어나고 자랐으므로 그곳에 친척이 있어 가끔 찾곤 했다. 우도에 가야 할 일이 생기면 아버지는 내 손을 잡고 집을 나섰다. 그런 날은 신이 났다. 친척 아이들과 우도봉에 올라 주변을 탐험하며 뛰어놀았다.

등대지기 아저씨를 잘 알고 있었기에 이곳저곳을 샅샅이 누볐다. 아저씨는 우리에게 등대 뒤편에는 가지 말라고 신신당부했다. 하지만 어릴 적에는 호기심이 많기 마련이다. 게다가 천방지축 놀기 좋아할 나이였으니 오죽했으랴. 겁도 없고 철도 없었다.

어느 날 아저씨 몰래 금지된 곳까지 갔다가 들키고 말았다. 그곳은 낭떠러지라 위험천만한 곳이었다. 사람이 떨어져 죽기도 했었다며 아저씨는 놀란 가슴을 쓸어내렸다. 그때의 아저씨 마음이 지금에야 읽힌다. 생각만으로도 등골이 서늘해진다.

밤이 되면 고요한 마을은 까만 물감을 풀어 놓은 듯 어둠 천지였다. 전기가 들어오기 전이라 유독 밝게 비추던 우도봉의 등대 불빛은 신비로웠다. 어둠을 환히 밝히던 빛은 소년의 마음을 설레게 했다. 그때 어떤 생각을 했었는지 모르지만, 먼 미래를 밝힐 희망 같은 존재로 보였던 건 확실하다. 까마득히 어린 시절의 한때를 떠올리다 보니 우도가 손에 잡힐 듯 가깝게 느껴진다.

가볍게 건너뛴 시선이 우도봉을 중심으로 주위 풍경을 읽는다. 불빛은 변함없이 제자리를 지키며 깜박인다. 묻어두고 온 이야기는 어디쯤에서 반짝이는 것일까. 수많은 이들의 사연을 가슴에 품었을 것이다. 누군가의 삶에 희망이란 등불이 있듯 등대의 가슴에는 사람들의 이야기가 쌓여 있을 것 같다. 그러니 불빛은 더욱 강한 빛으로 세상의 어둠을 밀어내고 있는 것일지도….

등대는 오로지 자신의 역할에 전념한다. 꿋꿋하게 변함없이 자리를 지키며 주위를 둘러본다. 태풍이 몰아치고 풍랑이 일어 성난 물살이 아우성치는 날에도 흔들리지 않는다. 밤새도록 깜박이며 보내는 신호는 깊이를 알 수 없는 적막을 깨뜨린다. 바다가 죽지 않도록 생명에 숨을 불어넣는 게 우뚝 솟은 불빛이다.

온종일 거친 바다와 싸우고 돌아오는 사람들에게 환한 불빛은 안식처나 다름없다. 단순한 길잡이가 아닌 외로움을 달래주는 친구이기도 하다. 차가운 어둠으로부터 따뜻한 안식으로의 이동을 가능하게 한다. 흔들리던 마음의 닻을 내리도록 긴 팔을 뻗어 여행자들을 품어 안는다.

어린 시절부터 가슴에 자리 잡은 그 불빛은 황망한 마음에 빛이 되기도 했다. 어려운 일을 당할 때 불현듯 등대를 떠올리는 건 오랫동안 바다를 바라보며 살아왔으니 당연한 일인지도 모르겠다. 바다는 늘 그곳에 있기에 믿음이란 것에도 길이 생겼다. 바닷길처럼 인생에도 불빛 닿는 길이 있는 셈이다.

유년 시절 치기를 받아주던 등대는 사라지고 없다. 하지만 최초 우도를 지켰던 뿌리는 그대로 살아있다. 이제는 새로운 세대가 그 역할을 대신하며 역사를 새겨 가는 중이다. 어쩌면 빛이란 것은 끝없이 이어지는 동그라미 같은 것일지도 모른다. 그 빛 중심에는 사람이 있다.

까치가 울면

까치가 풀쩍풀쩍 마당에서 뜀뛰기를 한다. 날렵한 날개를 팔랑거리자 긴 꼬리가 반듯하게 평행을 잡는다. 악보에 올라앉은 듯 통통 튀며 음을 켠다. 넓은 마당을 차지하고 혼자 놀기에 빠져있다. 뾰족한 부리로 뭘 쪼는가 싶다가도 눈을 똥그랗게 뜬다. 사방을 경계하는 까만 눈동자가 반짝 빛난다. 제 딴에는 신세계를 발견하기라도 한 듯 마당 이곳저곳을 샅샅이 뒤지며 먹이를 찾는다.

어렸을 때는 책에서나 접했을 뿐 직접 까치를 본 기억이 없다.

그러던 것이 언제부턴가 제주 어느 곳에서나 흔하게 볼 수 있는 새가 되었다. 한참 마당 탐색에 열을 올리던 까치가 인기척을 느꼈음인지 목청을 돋우며 운다. 까마귀 울음소리처럼 탁하고 묵직하지도, 참새 소리처럼 고음의 옥타브도 아니다. 높낮이가 크지 않으면서도 빠른 듯한 경쾌한 소리가 듣기 좋다. 그래서 까치를 길조라고 한 것일까.

옛날에는 까치가 울면 기다리는 사람이나 기쁜 소식이 온다고 하였다. 그런 말을 무작정 믿는 건 아니다. 하지만 까치가 느닷없이 나타난 것 하며 한참을 마당에서 놀고 있는 게 예사롭지가 않다. 일찍이 없었던 일이기에 그렇다. 내게도 반가운 손님이 오려는 걸까. 까치로 인해 기분 좋은 상상을 해본다.

얼마 뒤 오토바이 소리가 들리고, 검정 개 검이가 짖어댄다. 우체부가 다녀간 모양이다. 우편함이 있는 곳으로 얼른 달려간다. 반가운 소식이라도 온 걸까 뒤적여보지만, 고지서 몇 개와 홍보물이 전부다. 누군가의 정성 어린 편지 같은 걸 순간 기대했기에 헛웃음만 나온다. 지금이 어느 시대인가. 특별한 소식에 대한 기대는 물거품처럼 날아갔지만, 손편지의 달보드레한 기억이 살아난다.

한때 우체부를 통해 받을 수 있던 손편지 전성시대가 있었다. '펜팔(Pen pal)'이 대유행했는데 특히 학생들 사이에서 폭발적인 인기를 누렸다. 어느 학생 잡지든 뒷면에는 펜팔란이 있을 정도였다. 주소와 이름 그리고 약간의 자기 소개가 적혀 있어 상대를 고르기가 쉬웠다.

모든 게 일방향이던 때 편지는 그나마 쌍방향으로 소통의 장을 열어주었다. 느리긴 했어도 누군가와 마음을 주고받는 일이라는 점에서 펜팔은 재미와 호기심을 자극했다. 당연히 동성보다는 이성 사이에 이뤄진 경우가 훨씬 많았다. 보낼 때는 기대에 찼고 받을 때는 즐거움으로 떨렸다.

상대를 잘 모르기에 글씨체와 문장이 판단 기준이었다. 반듯하고 세련된 글씨를 보면 상대편에 대한 호감도가 상승했다. 또 아름다운 문장을 접하면 이상형에 가까울 거라는 착각에 빠졌다. 그만큼 편지라는 텍스트 자체가 첫인상만큼이나 중요한 시대였다. 당연히 글솜씨 좋은 친구에게 대필을 부탁하거나 시집과 소설에서 그럴듯한 구절을 베껴 쓰는 일도 많았다.

펜팔에 참여한 이들은 학생뿐만이 아니었다. 군인들도 잡지 등에 주소를 실었다. 사실 군인 하면 펜팔보다는 위문 편지가 먼저 떠오른다. 이름은 물론 부대도 모른 채 보통 "고마운 국군장병 아저씨께"라고 썼던 기억이 난다. 국내뿐만 아니라 월남전에 참전했던 군인들에게도 정성스럽게 쓴 편지를 보내며 즐거워했다.

손편지는 전화 통신을 시작으로 인터넷이 보급되면서 거의 사라져버렸다. 실시간으로 전달 가능한 전자우편이 그 자리를 차지했기 때문이다. 편리함을 따져보자면 손편지는 전자우편에 비교할 바가 못 된다. 하지만 편리한 전자우편에서 찾을 수 없는 특별한 정서가 담겨 있다. 편지를 보내고 답장을 기다리는 동안은 설렘이라는 감정을 맛보기도 한다. 상대방이 편지를 읽으며 어떤 표정을 지을지 상상하는 것도 즐거운 일이었다.

다음에는 어떤 내용을 쓸까 생각하며 밤새워 뒤척이기도 한다. 그만큼 마음과 정성을 가득 담았다. 즉흥적이지 않고 은근하다. 마치 숭늉처럼 우러난 맛이 상대방에게 전달된다.

10여 년 전, 공직선거법 위반으로 수감 생활을 한 적이 있다. 그곳에서 자그마한 창문을 통해 볼 수 있었던 건 까치와 참새, 그리고 비둘기가 전부였다. 까치가 보이거나 울음소리가 들릴 때면 좋은 소식이라도 오지 않을까 하는 기대로 설렜다. 마음 졸이며 출소일을 기다리던 나에게 까치 소리는 위안이 되었다.

> 편지를 보내고 답장을 기다리는 동안 보이지 않는 끈으로 이어진 듯한 유대감, 온전히 상대방만을 생각하는 그 시간의 소중함, 그런 사사로운 감각 같은 것이 진정 우리 생활엔 있어 줘야 하지 않겠는가. 하나 갖가지 편지 중에도 가장 절실한 건 아마도 써놓고 보내지 못하는 편지가 아닌가 한다. 마음을 온통 쏟아 넣지만, 영원히 보낼 수 없는 편지. 그런 편지를 밤이 깊도록 쓰고 앉아 있는 이의 외로움이란.
>
> — 김후란의 산문 〈편지〉 일부

책을 읽고 일상을 기록하는 것만으로 고독한 나날을 견딜 수 있었다. 아내에게 편지를 써보려 했지만, 용기가 나지 않았다. 그동안 가정을 돌보는 일에는 너무나 소홀했기에 무심했던 지난날에 대한 미안함과 죄책감이 밀려왔다. 1년의 수감 기간에 매월 1일이 되면 아내에게 사죄의 편지를 썼다. 후회 속에 써 내려간 편지를 찢어 버릴 수도, 아내에게 보낼 수도 없었다. 그럴 때마다 창살 너머 까치 울음소리를 들으며 스산한 마음을 달랬다.

전화도 인터넷도 없는 교도소는 편지의 왕래도 자유롭지 않았다. 어쩌다 받은 편지는 개봉되어 내게로 왔다. 아내가 보낸 편지에는 소리 없는 눈물이 행간마다 숨어 있었다. 제대로 읽기도 전에 감정이 복받쳐 올랐다. 답장을 쓸 때면 눈물이 먼저 쏟아졌다. 아내에게 속죄하듯 뉘우치는 마음을 편지지에 담는 건 외로운 독방 생활에 그나마 위안이 됐다.

김후란 시인의 〈편지〉라는 산문을 읽는 동안 그때의 상황이 떠올라 가슴이 시큰해졌다. 지금도 까치 울음소리가 들릴 때면 절절했던 그날의 감정에 젖어 울컥해질 때가 있다.

편지로 소식을 전하던 시절에 우체부는 존재만으로도 위상이 뚜렷했다. 그는 사랑을 전하는 전도사였다. 동네의 심부름꾼 역할도 톡톡히 해냈다. 동네 어귀 팽나무 아래 모여 무더위를 식히는 마을 사람들에게 반가운 해포이웃이었다. 때로는 문맹인 할머니에게 편지를 읽어주며 같이 울고 웃었다. 오랜 세월 한 마을을 드나들다 보니, 어느 집 숟가락이 몇 개인지도 다 헤아릴 정도로 가까웠다. 우체부는 그들이 메고 다니는 큰 가방만큼이나 품도 넓고 속도 깊었다. 그때의 정서가 대부분 그랬다.

시골 마을에 우편물을 전하는 것이 우체부의 주요 업무지만, 주민들의 민원창구 역할까지 했다. 노인들이 내미는 전기 요금이나 전화 요금 등 공과금을 대신 내주는 일도 마다하지 않았다. 의논할 상대가 없는 노인들에게 여러 가지 상담까지 해줄 만큼 너울가지가 좋았다.

손편지는 시대의 변화에 따라 추억의 뒤안길로 사라졌다. 지나간 것은 다 그립다고 하더니 손편지 또한 그렇다. 예전에는 흔했던 일이 이제는 손꼽아 기다릴 만큼 귀한 게 되었다. 까치의 울음소리에 설렜던 마음을 가만 다독인다. 언제고 기쁜 소식이 온다면 그날도 까치가 먼저 소식을 전해주었으면 좋겠다.

또리

"또리야, 이리 와!"

녀석을 부르자 힐끔 쳐다보더니 팽하고 달아나버린다. '날 잡아보세요.' 하는 듯 장난스럽게 눈치를 살피는 것도 같다. 주인의 마음쯤이야 이미 알고 있다는 듯 천연덕스럽다. 녀석은 고무줄놀이라도 하는지 마당을 풀쩍풀쩍 뛰어다닌다. 아주 신이 났다. 그동안 방안에만 두었으니 안달이 날 만도 하다. 그런 녀석에게서 눈을 떼지 못하겠다. 집 앞 도로는 녀석에게 위험천만한 곳이므로 늘

주의를 기울이지 않을 수 없다.

개들은 생태가 활발한 동물이니 집안에 갇혀 있는 걸 좋아할 리 없다. 한정된 공간에 있다 보면 동물이라고 답답하지 않을까. 또리도 예외는 아니다. 밖에 내놓으면 꼬리가 보이지 않을 정도로 흔들어댄다. 그러나 녀석의 활동 반경은 마당을 벗어나지 못한다. 위험을 차단하기 위해 집 밖으로 못 나가도록 훈련한 결과다. 가끔 마당 입구에 서서 밖을 내다보다가도 미련 없이 돌아서는 걸 보면 혼자서는 나갈 엄두가 나지 않는 것 같다.

녀석은 마당을 샅샅이 누비며 영역 표시를 하느라 바쁘다. 몸집이 작아도 본능은 그대로여서 수놈 행세를 곧잘 한다. 처음에는 진지하게 영역 표시를 하다가 나중에는 대충 다리를 들고 시늉만 할 때도 있다. 제 딴에는 요령을 피우는 것이리라.

녀석은 대소변을 잘 가린다. 배변 장소로 마당을 이용하는데 앞발로 나를 건드리면 문을 열어달라는 뜻이다. 그게 재미있어 짐짓 모른 척할 때가 있다. 그러면 아내에게 쪼르르 달려간다. 그런 행동을 나름대로 분석해 보면 "치사해. 흥! 난 엄마가 더 좋아." 이런 대꾸가 아닐까 싶다.

요즘 녀석에게는 또 하나의 행동이 늘었다. 밥을 먹자마자 문

앞으로 달려가 버티고 있다. 알아차리고 문을 열어주면 잽싸게 뛰어나가서 얌전히 기다린다. 머뭇거리면 전에 없던 애교까지 부린다. 그 행동이 내게는 치명적이라는 걸 잘 알고 있는 듯하다. 마지못하는 척 일어서면 홍에 겨워 뱅뱅 돈다. 그런 녀석을 자동차에 태운다. 녀석이 가장 좋아하는 건 자동차 타기다.

털을 깎거나 동물병원에 갈 때 차를 타본 또리는 요사이 부쩍 재미를 붙였다. 어떤 개들은 차 타는 걸 두려워한다는데 오히려 즐기는 것 같다. 차에 오르자마자 품으로 파고든다. 그리고는 나를 조종한다. 앞발을 치켜들고 차창 유리를 내리라고 명령하는데 조금이라도 늦으면 유리를 긁으며 야단이다.

녀석은 차창으로 들어오는 바람을 즐기며 주변을 두리번거린다. 고양이가 눈에 띄면 아주 야단법석이다. 막상 앞에 있으면 도망칠 게 분명한데 안전한 곳에 있다는 걸 알고 부리는 객기다. 길거리에 지나는 사람만 봐도 왈왈 짖으며 자신의 존재를 알린다.

한번은 바닷가 백사장에 내려놨다가 날뛰는 바람에 혼난 적이 있다. 녀석은 아이들을 보자 좋아서 꼬리를 흔들며 따라다녔다. 아이들은 겁이 났던지 엉엉 운다. 급하게 녀석을 불렀지만 주인 목소리 따위는 안중에도 없다. 녀석을 쫓느라 얼마나 애를 썼던지 녹초가 되고 말았다. 주위 사람들의 도움으로 간신히 붙잡을 수 있었다. 그일 이후, 다시는 녀석을 땅에 내려놓지 않는다.

아내와 나는 유별나게 개를 좋아한다. 그러다 보니 떠돌이 개들이 우리 집에 자주 들락거렸다. 먹이를 챙겨주면서 마당은 개들의 천국이 되어 버렸다. 숫자가 불어나자 감당하기가 어려웠다. 하는 수 없이 이웃에 분양하게 되었다.

또리를 입양하게 된 데에는 특별한 사연이 있다. 먼저 '도리'라는 강아지를 키웠는데 눈치도 빠르고 영특했다. 녀석은 아내를 유별나게 잘 따랐다. 그런데 특별한 이유도 없이 죽고 말았다. 도리를 마음속에서 보내지 못한 아내가 생기를 잃어가자 입양을 생각하게 되었다. 녀석이 우리 집으로 온 건 2016년 가을이다. 태어난지 석 달쯤 되었다는데 아주 작고 약해 보였다. 이름을 도리와 비슷한 또리로 지었다. 그 후 아내는 평정심을 찾았다. 이제 아내는 또리를 친구, 연인, 자식으로 대하는 것 같다.

예전에는 이런 상황을 상상이나 했을까. 반려동물을 키우는 건 특별한 경우에 속했지만, 지금은 일상적인 일이 되었다. 특히 독신이나 부부만 사는 가정이 늘어나면서 집안의 빈자리를 동물이 차지했다. 그러나 그만큼의 수고로움도 따르는 게 동물을 키우는 일이다.

음식을 먹이고 씻겨야 하며 산책도 빠질 수 없다. 동물병원에도 정기적으로 가야 하고, 이외에도 자질구레한 일들이 많다. 아이 하나 키우는 만큼 손이 가고 비용도 만만찮다. 그런데도 동물을 키우는 사람들이 늘고 있다. 이는 인간의 외로움을 방증한다. 사람 사이에서 생겨난 공간 속으로 동물이 들어온 셈이다.

동물은 사람을 배신하지도 않고 한결같은 애정을 보인다. 그러니 사람보다 동물이 낫다는 말도 나왔으리라. 안타까운 건 반려견의 수명이 인간보다 짧다는 것이다. 그런 이유로 사람들은 그들과의 이별을 걱정하고 불안해한다. 그 모든 것을 감수하고 동물을 키울 때는 그들과의 교감이 필요하다. 생명을 귀하게 여기고 언어도 해석할 줄 알아야 더 살갑게 지낼 수 있다.

동물행동심리전문가 '폴랑폴랑'은 "모든 동물의 행동에는 그들 나름의 이유가 있다."라고 했다. 반려견과 살아가기 위해서는 그들의 언어를 이해할 줄 알아야 한다는 의미다. 반려동물은 장난감이 아닌 생명이다. 힘들어졌다고 물건처럼 버리는 일도 없어야 한다.

우리는 노년의 버석거리는 삶을 또리에게 의지하고 있는지도 모르겠다. 아내와 내게 웃음을 주는 녀석의 노는 모양을 바라보고 있으니 제 딴에도 뭘 안다는 듯 빤히 쳐다본다. 실컷 놀았다고, 그만 들어가자는 눈치다. 날 향한 믿음에 어떤 의심도 없는 녀석의 큰 눈이 바람에 씻긴 듯 한없이 맑다.

할머니의 노을

메르스의 여파로 한때 제주를 찾던 관광객이 줄어들었다. 그 때문에 민박업을 하는 우리 집도 한동안 조용한 날들이 이어졌다. 그러다가 전염병이 수그러들면서 손님이 다시 예전처럼 많아지기 시작했다. 비어있던 숙소에 사람이 들자 집에 생기가 돈다.

오늘 민박 손님은 2박 3일 일정인데 한 가족으로 보인다. 중년 부부와 중학생쯤 된 아들, 그리고 칠십 대 중반일 것 같은 할머니까지 네 사람이다. 어머님을 생각해서 초가집을 선택했다는 며느리의 마음이 예쁘다. 웃음으로 화답하는 할머니와 가족은 화기애애하고 정다운 인상을 풍긴다. 그들은 저녁에 마당에서 고기를 구워 먹을 거라며 기대가 크다. 중년 부부가 식사 준비를 하는 동안, 할머니는 초가집 이곳저곳을 둘러본다. 지붕을 쳐다보기도 하고 처마를 손으로 만져보기도 한다. 고개를 끄덕거리며 생각에 잠기는 게 아련한 추억을 회상하는 듯 보였다.

흔한 현대식 건물이 아니라 궁금한 게 많은지 여러 가지를 묻는다. 초가집은 관리하기 힘들지 않으냐, 지붕 이엉은 언제 올려야 하느냐 등등 관심도 많다. 민박 손님들이 일반적으로 알고 싶어 하는 것들이지만 할머니는 좀더 많은 걸 물어보신다. 돌담을 쓰다듬기도 하고 자세히 들여다보기도 한다. 마당을 오가는 할머니의 흐뭇해하는 모습을 보고 있자니 어머니를 보는 듯 마음이 푸근해진다.

민박하는 손님은 남녀가 짝을 이루거나 친구끼리 오기도 하고 가족 단위로 찾는 경우도 많다. 자녀만 데리고 오는 부부부터 한쪽 부모님만 모시고 오는 부부도 있고, 양가 부모님과 함께 오는 부부도 있다.

그들을 통해 지난날을 되짚어 본다. 부모님 손을 잡고 가까운

곳에 구경 한번 제대로 간 적이 없었던 게 못내 맘에 걸린다. 아쉬움과 죄송함, 후회가 가슴에 응어리처럼 남아 눈물샘을 자극한다. 하긴 혼자서도 여행을 다닌 기억이 별로 없으니 부모님을 모실 생각은 더더욱 하지 못했다. 그래서 가족 손님을 볼 때마다 가슴 한쪽이 씀벅씀벅 아리다.

요즘은 여행이나 관광에 대한 의식이 많이 달라졌다. 예전에는 관광의 목적이 여행지를 주마간산 식으로 훑는 경우가 많았다. 그러나 이제는 휴식 혹은 체험을 위한 여행으로 바뀌었다. 그 때문에 관광이란 말보다 여행이란 표현이 훨씬 더 적절하다. 유명한 곳을 사진에 담으며 지나가는 게 아니라 작고 소소한 것을 찾아보는 이들도 많다. 눈으로만 보던 것을 체험하고 싶어 하는 단계로의 상승이다. 삶에 여유가 생기면서 일어나는 변화의 다양성이라 짐작한다.

고기 굽는 냄새가 마당을 넘실거리자 중년 부부가 할머니를 부른다. 이야기를 나누던 할머니가 내 손을 잡아끈다. 정중하게 사양했지만, 할머니는 손을 놓지 않는다. 어쩔 수 없이 탁자에 빙 둘러앉은 가족들 사이에 끼어 앉았다. 할머니와 내가 이야기 나누는 걸 보고 있었는지 가족들이 궁금해 한다. 주인장과 옛날 이야기를 했다며 할머니가 흡족한 듯 웃는다.

연로한 어머니를 모시고 여행한다는 건 쉬운 일이 아니다. 어떤 경우라도 불편을 감수하는 마음이 있어야 가능하다. 그런데도 그들의 화기애애한 모습을 보고 있자니 며칠 전에 다녀간 노부부가 생각났다.

그날은 중년 부부와 아들 둘 그리고 노부부, 여섯 사람이 민박을 청했다. 할아버지가 조금 불편해 보였지만 그래서 더 화목한 가족이라는 생각이 들었는지도 모른다. 그런데 다음 날 아침, 노부부만 마을 안길을 걷고 있었다. 일부러 다가가 인사를 건네며 어디 다녀오시느냐고 묻자 대답 대신 깊은 한숨이 돌아왔다.

중년 부부와 아들 둘은 새벽에 한라산을 오르기 위해 나갔다고 했다. 할아버지는 다리가 불편해서 남게 되었노라며 심심하던 차에 마을 구경을 하는 중이란다. 애써 눈길을 피하는 할머니의 얼굴에 씁쓸함이 묻어있었다. 나이 드신 부모님을 모신 건 잘한 일이지만 두 분만 민박집에 남겨 두고 굳이 떠났어야 했나 싶어 마음이 언짢았다. 그럴 바엔 차라리 모시지 말 것이지 타인인 내 마음이 이러한데 노부부는 오죽할까 싶어 온종일 마음이 편치 않았다.

부모는 평생 자식을 위해 자신들의 모든 것을 희생한다. 자식에 대한 맹목적인 사랑이다. 하지만 나이 들어 일할 기회를 잃고 경제력을 상실하면 자식들로부터 홀대받기 일쑤다. 함께 떠난 여행길에서도 이러니 일상에서는 오죽할 것인가. 효도라는 건 비싼 여행을 시켜주고 맛있는 걸 사드리고 좋은 물건을 선물하는 게 다가 아니다. 부모님 마음을 살피고 같이 있어 주는 게 진정한 효가 아닐까 싶어 못내 섭섭함을 떨칠 수 없었다.

성산 일출봉에서 고개를 내민 태양이 숨가쁘게 내달아 벌써 서쪽 하늘 끝에서 옷자락을 추스른다. 온종일 세상과 사람들의 머리 위에 밝은 빛을 내리던 태양이 이제 노을을 펼쳐 초가집을 감싼다. 그 아래 행복한 가족이 있다. 왜 고기를 먹지 않느냐며 깻잎에 싸서 내미는 할머니는 생전 어머니의 모습을 떠올리게 한다. 잘 익은 고기와 소주가 있고, 노을과 좋은 사람들이 있는 초가는 하나의 풍경이 되어간다. 민박이 만남과 인연을 통해 정으로 거듭나는 공간이 되기를 소망하며 소주잔을 비운다.

어느새 초가지붕을 품에 안은 노을이 할머니의 얼굴을 곱게 물들이고 있다. 행복에 색깔이 있다면 바로 할머니 얼굴에 깃드는 노을빛이 아닐까 생각하는 사이 가족의 웃음소리가 돌담을 너울거리며 넘는다.

제2부

어머니의 마당

갯바위

집에서 멀지 않은 바닷가에 갯바위가 있다. 어린 시절 동네 형들을 따라 자주 놀러 갔던 곳이다. 갯바위는 동화 같은 추억을 만들어 준 장소다. 마음이 무겁고 답답하거나 무료할 때 자주 찾았으니 영혼의 안식처이기도 하다.

오랜만에 그곳에 앉아 바다 위에 길게 누운 우도를 바라본다. 우도는 예나 지금이나 변한 게 없어 보인다. 자연은 그대로인데 사람은 세월의 무늬를 거스를 수 없나 보다. 바위에 부딪히는 파도가 음악처럼 일정한 리듬을 만든다.

그때는 지금처럼 즐길 게 흔치 않던 시절이라 바다가 놀이터였다. 틈만 나면 수영하고 고기를 잡았다. 갯바위는 낚시터로 안성맞춤인 곳이어서 대나무 낚싯대를 바다에 드리웠다. 형들은 겁도 없이 바다에 뛰어들어 헤엄을 치며 놀았다. 그들의 개구지던 모습이 눈에 선하다. 너무 어렸던 탓에 헤엄칠 용기가 나지 않아 바위에서서 형들을 부러운 눈으로 바라보곤 했다.

어느 해 여름이었다. 더위로 대지가 후끈 달아오른 한낮, 그날도 선배들을 따라 바다엘 갔다. 그런데 다른 날과 분위기가 사뭇 달랐다. 낚시에는 관심이 없고 그들은 먼 곳의 바다를 바라보며 뭔가를 모의하는 듯 낌새가 심상치 않다. 선배 중에 한 사람이 바위섬 쪽을 가리켰다. "저곳까지 헤엄쳐 갔다 오자."라고 제안하는 듯했다. 모두가 좋다고 찬성하면서 일제히 눈빛이 내게로 향한다.

"오늘은 너도 우리 따라 저 바위섬까지 헤엄쳐 갔다 오지 않을래?"라고 한다. 하늘 같은 선배의 권유에 거절하면 안 될 것 같아 일단 대답부터 했다. 당차게 용기를 내보려 했지만 두려움을 떨칠 수는 없었다. 가슴이 쿵쾅쿵쾅 뛰었다. 갯바위에 늘어선 선배들

사이에 서니 나는 더욱 작아 보였다.

수영은 집 앞 호수에서 친구들과 놀며 저절로 익힌 터라 나름 잘할 수 있는 자신감도 있었다. 하지만 호수와 바다는 다르다. 바다에서는 수영해 본 적이 없었기 때문에 막연한 두려움이 앞서는 건 당연하다. 어찌할까 생각하느라 머릿속이 복잡했다.

시작을 알리는 대장 선배의 신호에 따라 하나 둘 바다로 뛰어든다. 그들은 날렵하게 헤엄치며 앞으로 나간다. 더는 망설일 수 없어 나도 몸을 날렸다. 하지만 선배들의 속도를 따라가기에는 실력이 턱없이 부족했다. 되돌아갈 수 없다는 자존심에 죽을힘을 다해 앞으로 나아갔다. 그런데도 선배들과의 사이는 점점 멀어졌다. 바위섬은 약을 올리듯 더욱 멀리 달아나 능청스럽게 앉아 있었다. 어쩔 수 없이 방향을 돌리고 말았다.

바다는 한 무더기의 물거품을 쏟아놓고 밀려왔다 밀려갔다. 마치 겁쟁이라고 놀리는 듯해 시선을 피해버렸다. 바위섬을 뒤로 하고 집으로 향하는 발걸음은 한없이 무거웠다. 개선장군이라도 된 듯 형들의 모습은 당당하고 멋졌다. 풀이 죽은 채 그들의 뒤를 따르며 다짐했다. 다시는 중도에서 포기하지 않을 거라고….

코앞에 있는 바위섬이 그때는 왜 그리도 아득히 멀게만 느껴졌을까. 지금 보면 손에 잡힐 듯 가까운데 말이다. 잊을 수 없는 그 날의 안타까움이 발걸음을 이곳으로 향하게 하는지도 모르겠다.

어릴 적에는 없었던 빨간 등대가 언제부턴가 바위섬과 벗하고 있다. 등대가 있으니 한결 풍경에 생동감이 살아난다. 파란 바다에 빨간 등대는 부러 맞춘 듯 조화롭다. 바위섬도 등대가 있어 덜 외로운 듯 여유마저 보인다. 밀물과 썰물이 오가는 길목에서 등대는 파도와 친구가 된다. 그리고 바다 생물들의 처지도 들여다보며 뱃길을 여는 길라잡이 노릇도 한다.

태풍이 몰려올 때면 모두가 두려움에 떨지만, 바위섬은 담담한 표정으로 모든 걸 받아들인다. 파도가 뺨을 휘갈기고 팔다리에 달라붙어도 미동도 없이 제자리를 지킨다. 계절이 수없이 바뀌고, 사람들이 떠나고 늙어가도 그곳에 오래도록 변치 않고 있는 바위섬의 틀거지가 믿음직하다.

날씨에 따라 바위섬의 모양은 사뭇 달라진다. 아니, 바위섬을 둘러싼 주위 풍경이 색다르게 보인다. 비가 내리는 날, 촉촉하게 젖어 있는 바위섬은 고독에 잠긴 사내의 뒷모습 같기도 하다. 어둠이 내리면 자신의 모습을 비운다. 뒤로 물러설 줄 아는 겸허함과 모든 걸 품을 줄 아는 넉넉함이 물결처럼 번진다. 아귀다툼의 세상살이에 치여 가슴이 답답할 때 바위섬과 눈을 맞추다 보면 어느새 여유로운 마음이 돋을볕처럼 솟아난다.

어린 시절, 바위섬을 같이 바라보던 친구들과 선배들도 세상 바다에서 나름대로 순조로운 항해를 하고 있을 것이다. 언젠가는 그들과 갯바위에 다시 앉아보고 싶다. 바위섬도 우리를 기억하고 있으리라 생각하니 저물어가는 바다가 한없이 정답다. 고깃배들이 하나둘 불을 밝히는 시간, 바위섬에서 출발한 파도가 갯바위를 향해 서서히 다가오고 있다.

돌담

민박하러 온 손님의 시선이 초가집을 둘러싼 돌담에 한참을 머물러 있다. 자연스러운 게 오히려 멋스럽다며 이런 담이 있는 집에서 살고 싶다고 한다. 손님들에게서 자주 듣는 소리다. 담도 담이지만 초가 덕분에 돌담의 미가 더 돋보이는 것인지도 모르겠다. 돌담은 그리 높지 않다. 담의 기능을 위해서라기보다는 주변 경관과의 조화를 위한 담이라 아담하다.

제주에는 돌이 많다. 돌은 담을 쌓는 데 좋은 재료다. 그렇게 쌓은 담을 돌담이라 한다. 제주에서 태어나고 자랐으니 어려서부터 돌담에 친숙하다. 덕분에 그에 관한 얘깃거리도 많다. 어이없었던 사건 하나도 돌로부터 시작된다. 남의 집 입구를 막아버린 일이 있었는데 어렸기에 저지를 수 있던 일이기도 했다.

집주인은 인근 고등학교 서무과장이었던 걸로 기억한다. 대부분이 그렇듯이 남자들은 청소년기에 깝죽거리며 다니는 시기가 있다. 나도 친구들과 놀 때는 객기를 부리고 담배도 피우며 몰려다녔다. 그러다가 어느 날 서무과장에게 들키게 된 것이다. 일장 훈계를 들어야 했는데 그날만이 아니었다. 그분은 시시콜콜 간섭하며 우리의 행동을 달갑게 여기지 않았다. 한 친구는 대들다가 뺨을 맞은 적도 있다. 한창 반항기가 자리할 때여서 불끈했다.

우리는 보복할 방법을 찾았다. 그 집 입구를 돌로 막아버리자는 제안에 친구들은 찬성했다. 며칠 후, 한밤중에 친구들과 낑낑대며 돌을 모아다가 쌓았다. 높이도 울담과 같게 해서 어디가 입구인지 모를 정도였다. 비밀로 하고서 아무렇지 않은 듯이 헤어졌다.

아침이 되자 동네 사람들이 야단법석이었다. 어머니는 내가 한 줄도 모르고 어떤 놈들이 남의 올레를 막았다고 역정을 내셨다. 차마 밖으로 나갈 수가 없어 돌담에 숨어 주변을 살폈다. 동네 어른들이 돌을 치우면서 분개했다. 하루가 지난 이튿날, 어머니가 나를 찾더니 다짜고짜 등짝을 후려쳤다. 동네 사람들이 내가 주동자라고 했다는 것이다. 아니라고 변명했지만, 어머니는 믿지 않았다.

한 친구가 동생에게 자랑삼아 이야기하는 바람에 탄로가 나고 말았다. 우리는 그 집에 가서 무릎 꿇고 용서를 빌었다. 입구를 막으면 절대 안 되는 일이라는 걸 나중에야 알았다. 올레를 막는다는 것은 모든 것을 차단하여 그 집의 숨통을 조이는 일이라 했다. 어린 시절이라 철모르게 한 행동이 파장을 몰고 올 줄 몰랐다. 장난삼아 한 일이었지만 지금 생각하면 어처구니가 없다. 어쩌면 그만큼 주위에 돌이 많았기에 가능한 일이었다. 돌이 없었으면 다른 궁리를 했을 테니 말이다.

검은빛의 다공질多孔質 현무암은 쓰임새가 많다. 밭의 경계로 쌓으면 밭담, 집 주위를 두르면 울담, 목축장의 잣담, 바다에는 원담, 무덤가의 산담에 이르기까지 필요한 곳이라면 어디든 가능했다. 그리고 왜구의 침입을 막기 위해 해안을 따라 빙 둘러 쌓은 진성과 환해장성도 있다.

돌담은 들이나 마을, 해안 어디에서도 볼 수 있는 제주 특유의 경관이다. 섬 전체를 두른 돌담은 검은 용이 용틀임을 하듯이 구불구불 이어졌다 하여 흑룡만리黑龍萬里라고 불린다. 돌담의 아름다움과 가치를 알리고자 밭담 축제도 연다. 밭은 으레 밭담을 조성한다. 집 밖에 나가보면 흔하게 볼 수 있어 친근함까지 더해준다.

제주를 상징하는 풍경 중의 하나가 된 밭담이 정착한 것은 고려 고종 때부터라고 전해진다. 당시는 경작지의 경계가 불분명해 토지를 둘러싼 분쟁이 끊이지 않았다. 게다가 목장이 확대되면서 방목하던 말과 소가 밭을 넘나들어 밭작물을 훼손하는 일이 다반사였다. 이를 전해 들은 제주판관 김구金坵가 지방의 사정을 자세히 살펴보고 토지 소유의 경계로 돌을 이용해 담을 쌓도록 했다.

돌담을 쌓은 후부터 토지 경계의 분쟁이 사라졌다. 방목했던 소와 말에 의한 농작물 피해도 줄었다고 한다. 또한 제주의 세찬 바람을 막아 농작물을 보호하는 역할에도 그만이다. 돌밭에서 돌을 치우고 나니 경지 면적이 넓어져 농사일도 편해지고 수확량이 늘어나 경제에 큰 도움이 되었다. 이러한 공로를 인정하여 제주돌문화공원에 김구 판관의 공적비를 세웠다.

밭담을 쌓을 때는 밑돌 두 개 사이에 윗돌을 올린다. 이는 윗돌에 의해 밑돌이 받는 힘을 분산시켜서 안전하게 지탱할 수 있도록

함이다. 또한 밭담의 돌 사이사이에는 틈새가 있다. 바람이 그 틈새로 빠져나갈 수 있어 쉬이 무너지지 않는다.

돌담은 여러 곳에서 다양한 용도로 사용된 만큼 축조 방법이나 형태도 가지각색이다. 특히 외담은 잡담이라고도 하며, 주변에 흩어진 돌들을 외줄로 크기나 모양에 상관없이 쌓은 돌담을 말한다. 주로 밭의 경계를 두를 때 이용한다. 담을 쌓은 후 한쪽 끝에서 흔들면 담 전체가 흔들리도록 쌓아야 제대로 된 것으로 친다. 유연하므로 거센 바람에도 안전하다. 제주의 밭담은 서로 완만한 곡선으로 연결되고 이어진다.

밭담과 울담에는 제주 사람들의 생활 속 지혜가 담겨 있다. 숭숭 구멍이 나 있어 금세 쓰러질 것 같지만, 오히려 더 단단하다. 바람을 막는 담이 아닌, 바람을 맞이하는 담이라는 점에서 그렇다. 어설픈 듯하지만 실은 오랜 경험으로 터득한 지혜다. 트멍 하나 없는 시멘트 담이나 벽돌담의 막힘과는 다르다.

촌락의 울타리나 흙담처럼 제주의 돌담도 풍경을 아우른다. 우리 집 주위를 두른 담이 밋밋하다면 얼마나 삭막할까. 초가의 예스러움과 마당의 여유를 표현하는 데 부족할지도 모른다. 무엇보다도 호수에서 불어오는 바람이나 분위기를 품기에는 돌담이 제격이다. 오래되어서 더 정답고 울퉁불퉁한 담, 날이 갈수록 운치를 더해가는 평범 속의 비범이다.

어머니의 마당

마당에 앉아 웃자란 풀을 뽑는다. 봄이 되니 풀이 우후죽순이다. 어제 내린 비로 땅이 촉촉하지만, 어느새 잡초의 뿌리도 자리를 잡았나 보다. 물기 어린 흙을 다독이며 풀을 뽑자니 어린 시절이 떠오른다. 예전과 비교하면 집과 마당은 달라졌다. 하지만 마당을 이루고 있는 흙과 가문의 역사는 그대로다. 새삼 가슴이 우릿하다.

수많은 계절이 머물렀다가 소리도 없이 사라져 갔다. 또한 헤아릴 수 없는 사람들의 발걸음과 말소리, 그들의 이야기를 품은 마당이다. 스치듯 지나버린 계절도 있지만 굵은 붓으로 지울 수 없는 그림을 그린 계절도 존재한다. 흐릿한 얼굴들 속에서 또렷이 다가오는 이미지도 마당이란 캔버스 속에 들어있다.

변화무쌍한 삶의 희로애락을 넉넉히 품고 묵묵히 집을 지키는 마당을 둘러본다. 절경이 어떤 어울림의 조화로움에 있다면 집과 마당은 풍경의 완성을 아우른다. 낮은 돌담과 집 사이에 푼푼하게 자리 잡은 마당은 내 마음의 버팀목이기도 하다. 깊은 절망과 회한 속에서도 마당은 늘 나를, 그리고 우리 가족을 품어주었다.

파릇한 잔디가 바람의 현을 탄다. 연한 초록에 눈이 시원해진다. 낮은 돌담이 빙 둘러쳐진 마당에 서 있을 때면 평안해진다. 돌담 아래에는 크고 작은 자연석이 햇빛을 받아 반짝인다. 마당을 이루는 소품이 하나하나 제 역할을 톡톡히 해낸다. 나무 의자며 항아리, 소라껍데기, 화초 등 뭐 하나 소중하지 않은 게 없다. 계절이 바뀔 때마다 마당도 색을 바꿔가며 스스로 변신한다.

지금처럼 봄빛이 들어찬 마당은 수채화처럼 상큼한 기운이 서려 있다. 연초록의 순한 빛이 마음을 다독인다. 따사로운 햇볕 아래 꾸벅꾸벅 졸고 있으면 가까이 있는 호수의 술렁임이 꿈결처럼 들려온다. 자연이 가슴속으로 밀려올 때의 환희는 물질에 대한 욕심마저 접게 한다. 그에 반해 여름은 심술을 가득 품고 찾아온다. 장맛비에 사정없이 두들겨 맞은 날 마당은 패잔병처럼 행색이 초라하다. 뜨거운 햇볕에 찜질을 당하고 나면 잔디는 혀를 길게 빼고 축 늘어진다.

다행히 가을은 금방 찾아온다. 여름내 고단했던 몸을 단비에 씻으며 마당은 다시 기운을 찾는다. 푸른빛이 시나브로 사라져가는 아쉬움이 아니라면 가을은 꽤 멋진 감상을 불러일으키는 계절이다. 갈빛으로 변하는 주위가 인간 내면의 깊숙한 고독을 펌프질해 올린다. 때로 사람은 가을에 가장 깊어진다. 마당도 마찬가지로 사색에 빠진다. 파란 하늘과의 교감은 우수憂愁를 잉태한다.

북서풍을 앞세운 겨울은 거칠 것 없이 마당으로 몰아친다. 누렇게 변해버린 잔디와 잡초가 거센 바람에 납작 몸을 엎드린다. 초록이 사라진 마당은 고적함이 가득하다. 그렇다고 기가 죽은 건 아니다. 의연하게 맞서 모든 걸 지켜내는 겨울날의 마당은 인상적이다. 강한 모습의 '어머니'라는 단어를 생각나게 한다.

어머님은 생전에 마당을 귀히 여겼다. 봄기운이 번지면 잡풀부터 뽑았다. 덕분에 잔디는 건강한 푸른빛을 유지했다. 가시는 날까지도 마당을 품에서 놓지 않으셨다. 봄빛이 돌담에서 뛰어놀던 어느 날, 어머니는 한복을 곱게 차려입고 집을 나섰다. 읍내 오일장에 가기 위해서였다. 그런데 한참이 지나도 돌아오지 않았다. 마당으로 나갔더니 뜻밖에도 풀을 뽑고 계셨다.

어머니를 불렀으나 응답이 없었다. 평소 그런 모습을 많이 보았던 터라 대수롭잖게 여기고 들어가려는데 왠지 발길이 떨어지지 않았다. 가만 보니 헛손질을 하는 게 이상했다. 일으키려 하자 눈을 감은 채 맥없이 마당에 쓰러졌다. 아무리 흔들어도 어떤 기척조차 보이지 않았다.

병원으로 이송 도중 구급차 안에서 심폐소생술이 이루어졌다. 다행히 대원들의 신속한 조치로 어머니는 의식을 찾았다. 그러나 몇 달 뒤 다시 상태가 나빠졌다. 그해 구정에는 유난히 많은 눈이 내렸는데 명절을 지내고 병원에 혼자 남았다. 그날 밤이 어머니와의 마지막 날이었다.

연로한 탓에 의사의 노력에도 불구하고 어머니는 내 앞에서 눈을 감으셨다. 아버지가 돌아가실 때도 혼자 곁을 지켰는데 어머니의 마지막 가시는 길도 혼자 보았다. 9남매를 애지중지 키웠건만 가시는 모습이 쓸쓸하기 그지없었다. 죽음은 예고 없이 찾아오고 절실한 고독을 동반한다는 눈앞의 현실이 허무함을 느끼게 했다. 장례를 치르고 난 후에도 어머니는 곁에 머물렀다. 마당에서 잡풀을 뽑고 있던 모습이 아른거려 빈 마당을 서성였다.

마당은 그랬다. 태어나 육십 년이 넘도록 밟고 있는 마당에는 어머니의 숨결이 살아있다. 어린 시절의 서사가 빼곡하게 채워진 공간이다. 지켜야 할 소중한 추억거리는 또 어떤가. 계절마다 말을 걸어오는 마당에서 나의 노년도 저물어 갈 것을 안다. 하늘빛이 털썩 주저앉아 놀다 가고 달빛이 안개처럼 숨어들기도 하는 노스탤지어, 마당에는 지금 봄이 한창 무르익고 있다.

말馬

바다가 제 속을 환하게 드러내는 날이면 바다에 깃들어 있는 섬도 환하다. 감성을 건드리는 바다를 배경으로 연인들이 사진을 찍느라 바쁘다. 저 멀리 우도牛島가 선명하게 다가오고 물기 머금은 바람은 모래를 어루만지며 연인의 길을 만든다. 바다는 깊은 사색에 잠긴 듯 고요 속에 들어있다. 둑 위에 서 있는 내 마음에도 잔잔함이 깃든다. 바다는 같은 듯해도 늘 새로움을 빚어낸다. 어린 시절 어머니를 따라 둑길을 걸으며 품어온 바다, 그 바다가 삶의 원천이기 때문인지도 모르겠다.

며칠을 벼르다 오랜만에 걷는 길이다. 마음은 늘 이 길에 서 있었지만 바쁘다는 핑계로 찾지 못한 지 여러 날이 지났다. 건강을 생각하면 걸어야 한다는 생각이 간절하다가도 운전대를 쉽게 놓지 못하던 날들에 익숙해져 버렸다. 그 익숙함을 깨뜨리기 위해 부러 찾은 바다다. 보는 것만으로도 위로가 되는 바다 앞에 서니 물결이 마음을 비집고 몰려 들어온다.

그동안 잘 있었느냐며 주변 풍경에 말을 걸자 그들도 화답하듯 따뜻한 눈길을 보낸다. 그때 어디선가 말 울음소리가 들렸다. 울음소리는 서너 차례 이어졌다. 근처 호숫가 주변에서 풀을 뜯는 말이 보인다. 바쁜 것 없다는 듯 말은 천천히 풀을 뜯고 있다. 어미 곁에 있는 망아지는 천지사방으로 날뛰며 까불거린다. 고삐 풀린 망아지 꼴이다. 다급해진 어미는 울음소리로 새끼를 불러보지만, 망아지는 들은 체도 않고 날뛰기에 바쁘다.

여의치 않은지 말 주인인 촌로가 나서지만, 망아지는 심통을 부리며 막무가내다. 제 하고 싶은 대로 못 하는 것에 심술이 났는지 어미를 주둥이로 치받는다. 그 모습이 엄마에게 마구잡이로 떼를 쓰는 아이를 닮았다. 어미는 그러거나 말거나 풀 뜯는 일에만 집중한다. 풀을 많이 먹어둬야 새끼에게 젖을 배불리 먹일 수 있다는 걸 아는 듯하다. 망아지가 어미젖을 찾는데도 불구하고, 촌로는 외면한 채 호수에 시선이 머물러 있다.

촌로의 얼굴에 수심이 가득하다. 수심과 함께 외로움도 엿보인다. 말과 망아지를 바라보는 촌로의 눈이 깊다. 촌로는 나와 같은 마을에 사는 어른인데 아들 둘과 딸 하나를 두었다. 모두 분가해 도시에서 살고 있지만, 자식들이 아버지를 자주 찾는 것 같지는 않다.

그래서인지 그는 좀체 말이 없다. 농사와 말 기르는 일로 하루를 보낸다. 그러다가 가끔 막걸리를 마실 때 속엣말을 털어놓기도 한다. 오래전에 아내를 먼저 보낸 뒤 아들딸 모두 결혼시키느라 오죽 힘들었을까. 그를 보면 짠한 마음이 생긴다. 남편 없이 혼자 사는 여자보다 혼자 사는 남자가 더 외로워 보이는 건 왠지 모르겠다. 나이 많은 남자가 혼자 지낸다는 건 깊은 외로움의 민낯을 보는 것만큼이나 마음이 퀭하다.

젖 달라고 보채던 망아지는 이제 드러누워 있다. 주인이 깊은 사념에 빠진 사이 망아지가 지친 모양이다. 호수를 바라보는 촌로의 얼굴에 오래된 그늘이 비친다. 그는 무슨 생각을 하느라 망아지의 배고픔까지 잊어버린 걸까. 어쩌면 젊은 시절 아내와의 좋은 날들을 떠올리고 있을지도 모르겠다. 여러 해를 혼자 지내면서도 크게 내색하지 않는 걸 보면 순하고 착한 사람임이 분명하다. 하지만 그 마음을 누가 알 수 있으랴.

몇 해 전, 철저히 홀로된 채 멍하니 벽을 바라본 경험이 있다. 원하지 않은 곳에서의 생활은 두려움과 맞닿아 있었다. 쇳소리에 갇혀버린 외로움은 안으로 파고들어 똬리를 틀었다. 차가운 벽에 기대어 존재의 의미를 생각할 때도 외로움은 날 놓아주지 않았다. 열악한 환경에서 혼자 견뎌야 한다는 건 무섭고도 슬펐다. 그날의 기억들이 아직도 상처의 흔적처럼 지워지지 않는다. 멍하니 앉아 있는 촌로의 표정에서 지난날 외로웠던 자화상을 만난다.

그도 식구가 없으니 말과 대화를 할지도 모른다. 알아듣지 못하는 상대와의 대화, 하지만 그런 존재라도 있으면 다행이다. 벽과 대화를 해봐서 그 마음을 알 것 같다. 어차피 사람은 혼자라는 걸 자각할 수밖에 없다. 촌로의 모습에서 기억 저편에 숨어 있던 나를 떠올리고 있는 사이 어느새 호수에는 노을이 지고 있다.

아직도 말은 쉬지 않고 풀을 뜯는다. 어둠이 데리고 올 두려움 때문일까. 밤에는 풀이 보이지 않으니 어두워지기 전에 더 많이 먹어두려는 본능적인 행동이 아닐까 가늠된다. 새끼를 위하는 마음은 사람이나 짐승이나 별반 다르지 않다.

어둠이 찾아들면 망아지는 드러누워 편하게 잠을 자지만 어미는 선 채로 잔다. 말이 서서 잠을 자는 이유는 망아지를 보호하기 위해서라고 한다. 그러니 누워 있는 말은 아프거나 상태가 좋지 않은 말일 수도 있다. 허허벌판에서 비가 오거나 눈이 내려도 피하지 않고 서서 지내니 말이 얼마나 강인한 동물인지를 짐작할 만하다. 지치지 않고 포효하듯 달리는 말의 모습은 그래서 깊은 감동과 활력을 준다.

호수를 바라보던 촌로가 말을 메어 놓은 줄을 풀고 있다. 누워 있던 망아지도 촌로의 마음을 아는지 벌떡 일어나 어미 뒤를 따른다. 멀어져 가는 말과 촌로의 모습이 긴 여운을 남긴다. 발길을 돌리자 바다에도 서서히 어둠이 내리기 시작한다.

고무 슬리퍼

오랜만에 하도초등학교를 찾았다. 처음 오는 곳도 아니건만 교문에 들어설 때면 늘 마음이 설렌다. 개교 100주년을 기념하는 행사가 있는 날이다. 선생님들과 동문이 코로나19 예방을 위해 열을 재고 방문 일지도 기록한다. 이른 시간인데도 동문이 여럿 보인다. 그들도 나와 같은 마음에서 일찍 온 것 같다. 낯익은 동문과 인사도 나누고, 동문회에서 준비한 선물도 받았다. 평상시에는 보기 어려운 얼굴들을 마주하니 어느새 초등학생 시절로 돌아간 기분이다.

백 년이란 결코 짧은 세월이 아니다. 오랜 역사를 품고 오늘에 이르기까지는 우여곡절도 많았다. 학교는 두 번의 화재를 겪었다. 처음에는 4 · 3사건에 휩쓸려 교실이 불에 타 없어졌다. 그러자 마을 개인 집을 빌려 학교로 사용했다. 그만큼 어려운 상황에도 배움의 열기는 그치지 않았다. 헛간 바닥에 짚을 깔고 앉아 수업을 받았다고 하니 그때의 상황이 짐작된다. 선생님과 학생들의 마음이 하나로 뭉쳤기에 가능했을 것이다.

두 번째 화재는 6학년이 되던 1966년 1월쯤으로 기억된다. 학교에 불이 나서 서관이 몽땅 타버렸다. 갑자기 일어난 일이라 정신이 없었다. 늦은 밤에 학교 선생님들과 학생들은 물론 마을 사람들까지 불을 끌 엄두가 나지 않아 발만 동동 굴렀다. 교실이 타버려서 공부를 못할 거라는 조바심에 당황하던 일이 눈에 선하다.

하지만 수업은 이어졌다. 서관 대신 다른 건물을 이용했고 따뜻한 날은 나무 그늘에서도 공부했다. 장소가 문제 되지 않을 만큼 배움에 대한 열기는 뜨거웠다. 불편함조차 열정으로 이겨냈다. 이는 마을주민과 선생님들의 부단한 노력 덕분이었다. 우리는 여느 때처럼 학교에 다닐 수 있었고 친구들과 추억 만들기도 이어졌다.

화재로 서류가 불에 타는 바람에 내 생활기록부에는 6학년 때의 기록만 남아있다.

마음은 초등학교 시절로 돌아가 운동장에서 뛰어다니기라도 할 것 같은데 학교 모습은 어딘지 어색하다. 너무 변해버린 건물이며 주변의 풍광이 낯설다. 하지만 나무만은 눈에 익숙하다. 백 년의 세월에도 불구하고 팽나무는 그 자리를 지키고 있다. 나무에 올라가 열매를 따 먹던 아이들의 모습이 아른거린다. 배고픔을 달랠 수 있다면 무엇이든 닥치는 대로 먹던 시절이었다.

우리 마을은 하도리 동쪽 끝에 있다. 학교와는 많이 떨어져 있어서 등교하려면 다른 마을을 거처야 했다. 가는 동안 온갖 장난을 하다 보면 지각하기 일쑤였다. 보자기에 책을 둘둘 말아 어깨에 메고 비포장도로를 많이도 달렸다.

초등학생 시절에 가장 즐거웠던 일은 가을 운동회와 소풍이었다. 운동회는 며칠 전부터 연습이 필요할 만큼 학교의 중요한 행사였다. 청군과 백군이 나뉘면 연습 때부터 경쟁이 시작된다. 특히 기마전을 연습할 때면 응원전이 더 치열했다.

드디어 운동회 당일, 하얀 반소매 티셔츠와 광목천으로 만든 검정 반바지에 색깔 있는 모자를 썼다. 모두가 전장에 나서는 병사처럼 진지한 표정이었다. 어머니는 음식을 준비하느라 바빴다. 운동회 때는 어머니들의 음식 솜씨가 유감없이 발휘되곤 했다.

그날은 학교 운동장 주변에도 노점이 들어선다. 아이들을 유혹하는 갖가지 군것질거리가 즐비하게 펼쳐진다. 상급 학년 선배들의 눈을 피해 친구들과 풀빵을 사 먹을 때는 짜릿하다. 운동회는 청백 릴레이 경주로 끝이 났다. 운동회의 백미라 할 수 있는 계주가 시작되면 어른이나 아이 할 것 없이 목이 터질 듯 각자의 팀을 응원했다.

운동회만큼이나 소풍 가던 날도 아이들은 신이 났다. 특별한 도시락이 소풍의 즐거움을 더해주었다. 평소에 보기 힘든 삶은 달걀과 김밥을 먹을 수 있었으니 말이다. 적지만 용돈이란 것도 받았다. 소풍 전날은 맑은 날씨를 기원하며 잠을 설쳤다.

종달리 바닷가 근처 고망난돌은 소풍 장소로 안성맞춤인 곳이어서 자주 갔다. 소풍에서 빠지지 않던 건 노래자랑과 보물찾기다. 눈치 빠른 친구는 선생님이 숨겨둔 쪽지를 잘도 찾아냈다. 나는 친구들과 장난하느라 보물찾기에는 관심이 없었다. 그러다 보니 항상 빈손이기 일쑤였다. 그래도 소풍은 마냥 즐거웠다.

초등학교 시절 가장 잊지 못할 사건이 일어난 건 4학년 때였다. 나는 장난이 좀 심한 편이었다. 특히 고무줄놀이하는 여자아이들을 노렸다. 어느 날 우리 반으로 예쁜 여학생이 전학을 왔다. 도시에서 전학 온 아이라 차림새가 우리와는 많이 달랐다. 얼굴도 백옥 같아서 한편으로는 샘도 났다. 그 아이의 관심을 끌기 위해 부러 심한 장난을 치곤 했다.

하루는 담임 선생님이 나더러 앞으로 나오라고 하더니 얇은 고무 슬리퍼로 얼굴을 후려치는 게 아닌가. 영문을 몰라 따졌더니 나 때문에 곤욕을 치렀다는 것이다. 선생님의 얼굴은 벌겋게 상기되어 있었다. 그동안 선생님들께 한 번도 매를 맞은 적이 없었기에 충격이 컸다.

수업이 끝난 후 담임 선생님이 교무실로 불렀다. 그리곤 전후 사정을 이야기해 주었다. 전학 온 여자아이 아버지가 하도 파출소 책임자라는 것이다. 당시만 해도 경찰은 막강한 힘과 권력을 가지고 있었다. 여자아이가 자신의 아버지에게 일러바쳤을 거라는 건 보나마나였다.

관심을 받기 위해 한 행동인데, 상대방의 입장은 다를 수도 있다는 걸 당시는 몰랐다. 표현 방법이 서툴렀지만, 악의는 없었다. 지금 생각해 보면 당연히 그럴 수 있을 것 같다. 그렇게밖에 마음을 표현하지 못한 게 후회되기도 했다. 그 후 여자아이는 아버지가 다른 곳으로 발령나는 바람에 전학을 가버렸다. 담임 선생님은 오래전에 돌아가셨다. 오죽했으면 슬리퍼를 들었을까. 선생님의 심정을 가늠해 본다.

어렸을 적 일들을 떠올리다 보니 기념식 시간이 다 되었다. 내빈 소개와 인사말이 끝나고 초등학생들의 난타 공연이 이어진다. 학교는 100년의 역사를 품고 여전히 새로운 시대로 발돋움 중이다. 장난꾸러기 소년은 온데간데없고 일흔을 바라보는 노년의 그림자만 운동장을 서성이고 있다.

형님과 경운기

간밤에 묵었던 손님이 바쁘지 퇴실을 서두른다. 다른 날보다 일찍 나가는 바람에 객실 청소를 빨리 마칠 수 있었다. 빨래까지 끝내고 나니 아내가 외출 준비를 한다. 세화 오일장이 열리는 날이라며 같이 가자고 나선다. 딱히 살 물건이 없는데도 장 구경이 하고 싶은 모양이다. 덩달아 신이 나서 아내 뒤를 따른다. 고소한 고구마튀김에 만족하며 한참 구경 중인데 어디선가 고성이 들려온다.

삼십 대쯤의 젊은이가 어른에게 삿대질하며 목소리를 높인다. 어른은 얼핏 봐도 여든 살쯤 돼 보인다. 승용차 뒤에 세워둔 경운기 때문에 벌어진 일로 짐작된다. 일반 승용차처럼 연락처를 남기지 않아 화가 났을 법도 하다. 젊은이는 큰소리로 호통을 치고 어른은 쩔쩔매는 상황이다. 그의 아내도 한편에서 기가 죽은 표정이다. 왠지 모를 씁쓸함으로 마음이 편치 않다.

원래 오일장 하면 넉넉함과 인심이 연상된다. 오랜만에 만난 사람들끼리 정담을 나누고 막걸리를 나눠 마시는 곳이다. 조금만 이타적이라면 충분히 이해할 수 있는 상황이 아닌가. 그것도 한참이나 젊은 사람이 어른에게 하는 행동에 마음이 불편하다. 시골이라 웬만하면 알 텐데 젊은이의 얼굴은 낯설다. 경운기의 탈탈거리는 소리와 함께 사라지는 노부부의 모습이 가슴에 얹힌다. 경운기 때문인지 일찍 돌아가신 형님이 생각난다.

형님은 아홉 남매 중 둘째로 태어났다. 불행하게도 초등학교 시절 그네를 타다가 떨어져 허리를 다쳤다. 어머님께서 애쓴 보람도 없이 척추가 굽어버렸다. 다른 형님들에 비해 유독 정이 많은 분이었다. 어려운 처지에 놓였을 때마다 형님의 도움을 받았다.

내가 고등학교 1학년 때 형님은 동네 지인과 공동으로 경운기를 장만했다. 그 시절 형편으로는 쉽지 않았기에 동네 사람들의 부러움과 더불어 시기의 대상이 되었다. 그때만 해도 운송수단은 우마가 끄는 달구지가 고작이었고, 밭갈이도 우마를 통해 이루어졌다. 당시 농촌 실상에서 보자면 요즘의 최고급 승용차보다 더 소유하기 어려운 장비라 할 수 있었으니 말이다.

경운기가 지나갈 때마다 아이들은 비포장도로의 먼지를 뒤집어쓰며 뒤를 따라다니기 일쑤였다. 학교에서 집으로 오는 길에 운좋게 형님을 만나면 태워주기도 했다. 그런 날은 어깨가 으쓱해져서 자랑하느라 신바람이 났다.

큰돈을 들여 장만한 기계였기에 그만한 가치의 돈벌이가 따라야 했는데 현실은 달랐다. 마을 사람들은 재래식 농사법에 익숙해져 현대식 기계를 두려워했다. 경운기로 밭을 갈면 쇠심이 들어 땅이 망가진다는 유언비어가 있었고, 사람들은 그런 걸 철석같이 믿었기에 밭갈이를 부탁하지 않았다. 고작 목초지 개간에 이용되는 게 전부였다. 그런 이유로 인해 고전을 면치 못하는 시기를 보냈다.

계절이 바뀌고 해가 바뀌면서 차츰 동네 사람들 인식도 달라졌다. 드디어 작업 의뢰가 들어오기 시작했다. 밭을 갈 때는 형님과 지인이 교대로 운전을 하였다. 불편한 몸으로 밭갈이하는 형님을 보는 게 힘들었다. 가끔 돌이라도 걸리면 핸들이 시소처럼 위로 올라가는 게 경운기다. 몸이 공중에 매달려야 할 만큼 힘에 부치는 일이다. 성치 않은 몸이지만, 기계를 척척 다루는 형님이 자랑스러웠다.

더위가 기승을 부리던 어느 날, 형님 혼자서 밭갈이하는 모습을 목격했다. 경운기와 씨름하느라 얼굴은 알아볼 수 없을 정도로 땀과 흙으로 얼룩져 있었다. 돌담 뒤에 숨어 일하는 모습을 바라보고 있자니 마음이 아팠다. 고작 고등학생이었지만 얼른 운전을 배워 돕고 싶은 생각이 간절하였다.

형님을 졸라 운전과 밭갈이를 지인에게 배웠다. 야단맞으며 배운 보람으로 어느 정도 손에 익숙해졌다. 서툴긴 해도 흉내는 냈다. 간간이 지인 대신 밭을 갈았다. 한동안 공부는 뒷전이고 경운기에 매달리다시피 했다. 학교 수업이 끝나기 무섭게 밭갈이하는 곳을 찾아 달려갔다. 요령이 생기고 운전도 익숙해지자 일요일에는 으레 지인과 함께 일을 다녔다. 그때마다 형님은 용돈도 넉넉하게 주었다. 형님에게 도움이 된다는 게 뿌듯함으로 다가왔다.

동네 사람들은 경쟁하듯 밭갈이를 부탁했다. 두드러지게 시간과 인력을 줄일 수 있었으니 당시에는 놀라울 수밖에 없었다. 경운기는 우마가 이끄는 달구지보다 짐을 많이 실을 수 있어 경제적이기도 했다. 편리한 경운기로 보리를 타작하게 되면서부터 무거운 원동기는 뒷전으로 물러났다. 이래저래 경운기는 농사에 없어서는 안 되는 감초 역할을 톡톡히 해냈다.

1980년대 중반까지는 경운기의 전성시대라 해도 과언이 아니었다. 특히 농촌에 기계화가 되는 계기를 마련하는 데 큰 역할을 한 셈이다. 세월이 흐르고 차츰 최신식 기기가 경운기를 대신했다. 결국, 트랙터에 밀려 설 자리를 잃게 되었다. 밭갈이하는 광경은 볼 수 없지만, 간혹 마을 안길을 달리는 모습을 보면 옛 기억이 되살아난다.

세월 따라 세상이 변하는 건 어쩔 수 없다. 그 시절 경운기를 운전하던 분들도 돌아가시거나 노인이 되었다. 경운기가 어쩌다 도로를 다닐 때면 자동차 운전자들에게 눈총을 받기도 한다. 차량 흐름에 방해된다며 경운기를 애물단지로 취급할 때면 씁쓸하다. 경운기도 한때 귀한 존재였는데 말이다.

이제는 마을에 젊은 사람보다 연로하신 분들이 더 많다. 그들 역시 젊은 시절이 있었고 왕성하게 사회 활동을 하던 시기도 있었다. 지금의 젊은이들도 늙을 때가 올 것이고, 그때는 새로운 세대가 세상의 중심이 될 것이다. 젊은이들에게 배려와 인내를 요구하는 건 무리일까. 집에 오는 동안에도 경운기와 노인의 모습이 계속 떠나질 않는다.

빨래하기 좋은 날

날이 활짝 개었다. 어제까지 태풍의 손아귀에 잡혀 휩쓸려 다니던 파도도 오늘은 몸을 낮추고 있다. 돌담 너머로 보이는 호수가 아침 명상에 든 듯 고요하다. 며칠 동안 비바람으로 덮여 있던 하늘이 말갛다. 태풍은 그토록 요란을 떨더니 나쁜 기운을 잇아가 버린 모양이다. 날씨가 화창하니 빨래하기 좋은 날이라며 아내가 소매를 걷어붙인다.

숙소에서 시끌벅적한 소리가 나더니 민박 손님들이 빠져나온다. 그들이 집을 나가고 나자 적요함이 감돈다. 하지만 그것도 잠시, 숙소마다 널브러져 있는 수건을 수거하느라 분주한 하루가 시작된다. 며칠 동안 사용한 수건들이 화장실이며 방에 아무렇게나 널려 있다. 유독 수건 하나가 눈에 띈다. 흙범벅이 되어 어디에 사용했는지 정체를 알 수 없을 정도다. 신발이라도 닦은 것일까. 그렇지 않고서야 저렇게까지 흙이 묻을 리가 없다. 애써 묻은 흙을 털어보지만 쉽지 않다.

대부분 숙소에 머문 손님들은 퇴실할 때 나름대로 주위를 정리한다. 그런데 이번 손님들은 바쁘게 서두르느라 미처 발견하지 못한 것 같다. 무슨 사정이 있었으리라 생각하지만, 얼굴과 몸을 닦는 수건에 흙을 잔뜩 묻혀 놓은 건 쉽게 이해가 되지 않는다.

이방 저방에서 수거한 수건을 아내에게 건넨다. 꼼꼼한 성격의 아내가 빨랫감을 하나하나 자세히 살피다 흙 묻은 수건을 발견하고는 나를 쳐다본다. 실수로 진흙탕에 떨어뜨린 게 아니냐는 눈빛이다. 아내는 그 수건을 따로 씻어 세탁기에 넣는다. 세탁기가 몸을 이리저리 비틀어가며 수건들을 뒤섞는다. 적어도 통 안에 든 물건만큼은 자신의 세력 안에 있다는 듯 휘둘러댄다. 그 모습을 보고 있자니 한 시절의 내가 떠오른다.

몇 년 전, 생의 출구를 잃어버린 적이 있었다. 통 속에 갇힌 수건처럼, 벽 속에 갇혀 피동적인 삶을 살았다. 모든 게 통제되고 자유를 박탈당한 채 자아를 잃어버린 듯 혼란스러웠다. 내 의지가 아닌 다른 사람에 의해 움직이고 행동해야 했다. 그때를 생각하면 스스로 뭔가를 결정하고 행동하는 게 얼마나 행복한지를 새삼 깨닫곤 한다.

빨랫감에 묻은 얼룩이나 먼지는 거품과 함께 새어 나온다. 내 정신도 얼룩을 털어내기 위해 그 시간 속에 있었다. 쥐어짜야만 나오는 땟국물처럼 아픔을 겪고 지독한 열병을 앓았다. 그때는 몰랐지만 지나고 나니 삶을 돌아볼 좋은 기회였던 것도 같다. 무심히 수건의 때를 벗기기 위해 요동치는 세탁기에 손을 얹어본다. 상념을 깨듯 아내의 목소리가 들려온다. 객실 청소를 서두르라고 성화다.

세탁기는 조금씩 요동이 잦아들고 있다. 세차게 지나는 삶의 수레바퀴에서 빠져나와 조용한 시간으로 흐르는 중이다. 그렇게 두들겨 맞고 흔들리다 보면 때가 빠지고 새뜻한 색깔이 나온다. 구김도 펴지고 엉킨 부분도 풀려 다시 반듯한 모습으로 거듭나리라.

숙소는 비어 있지만, 손님들이 남기고 간 온기가 남아있다. 겨우 하루 머물렀더라도 사람이 지낸 자리는 표가 나기 마련이다. 모든 집기를 제자리에 정리하고 바닥이며 문틀을 청소하다 보면 땀범벅이 된다. 민박은 청결함이 우선이라 머리카락 한 올 남기지 않으려고 온 정성을 쏟는다. 힘들지만 청소를 마치고 나면 큰일을 해낸 것처럼 가슴이 꽉 찬다. 무엇이든 쉽게 얻어지는 게 없다.

전에는 집안일에 대해 무관심했다. 바깥일만 중히 여기고 집안일은 모두 아내에게 맡겼다. 그러던 어느 날, 아내 혼자 땀을 흘리며 종종걸음치는 걸 보게 되었다. 그날따라 유달리 안쓰러운 마음이 쉽게 가시질 않았다. 그 후 집에 있는 날이면 적극적으로 집안일을 돕다 보니 한결 편안하다. 이제는 자연스레 청소하는 게 익숙해졌다.

땀을 닦고 있으니 아내가 빨래를 널어달라고 한다. 일을 도와준 덕분에 아내의 얼굴에 흡족한 빛이 보인다. 작은 것에서 느끼는 행복이다. 탈수를 마친 수건들이 긴 엿가락처럼 통 안에 얽히고설켜 띠를 이루고 있다. 제각각 다른 모습으로 형성한 관계다. 인연으로 엮인 우리네 삶을 보는 것 같다.

씻고 헹구고 말릴 것이 어디 세탁물뿐이겠는가. 세상의 얼룩을 닦는 수건처럼 마음도 나쁘고 추한 것들을 흡수한다. 그러니 더러워지고 혼탁해진다. 씻지 않고 그대로 두면 썩어서 악취를 풍기는 게 사람의 마음이다. 흙과 땀, 체취와 먼지가 묻었던 수건이 반듯하게 거듭나는 것처럼 마음도 반듯하게 닦아야 함은 말할 것도 없다.

아내가 바지랑대를 내린다. 햇빛이 좋아 빨래가 잘 마를 거라며 즐거워한다. 수건 하나하나를 털어 건네면 아내는 빨랫줄에 쫙쫙 펴며 넌다. 빨래를 널고 있는 아내의 얼굴에 훈훈한 미소가 번진다. 문득, 아내의 젖은 마음도 말려주고 싶다는 생각이 든다. '빨래하기 좋은 날'은 어쩌면 '마음 말리기 좋은 날'이라고 혼자 중얼거려 본다.

제3부

어둠과 빛의 간격

호수와 어머니

지미봉*을 등지고 앉아 생명을 키우느라 분주한 호수를 바라본다. 햇살이 자맥질한 호수 위로 은하수가 흐른다. 물결 속에 박힌 은빛 별 무리가 눈부시다. 하늘의 스케치에 따라 호수의 빛깔도 달라진다. 파란 붓을 접은 하늘이 귤빛 물감을 칠하기 시작한다. 호수에 박힌 별들이 등불을 켠 듯 황금빛이 시나브로 일렁인다. 하늘과 호수의 교감이 색으로 발산되는 순간이다.

* 지미봉: 성산일출봉 근처 올래길 21코스 끝나는 지점에 위치한 오름.

호수도 어둠에 잠기는 순간을 두려워하는 것일까. 모진 세월을 이겨낸 어머니의 강인한 삶처럼 붉게 일렁이더니 이내 고요해진다. 흔들리면서도 중심을 잃지 않는 호수는 어머니의 마음을 닮았다. 건너편 마을의 불빛이 저무는 호수에 총총히 내려와 안긴다. 긴 하루를 달렸던 시간은 조용히 물밑으로 가라앉는다.

호수에는 수많은 생명체가 서식하고 철새들이 머물다 간다. 생명의 시작은 물이며 어머니의 몸이 아니던가. 머문 듯 조용히 흐르는 물이 스스로 정화를 거듭하며 온갖 살아있는 것들의 삶을 어루만져 준다. 호숫가에 늘어선 소나무도 어머니의 품이 그리워 그림자를 길게 드리운 채 물위에 눕는다. 바다에서 태어난 바람 속에는 땀에 젖은 어머니의 적삼 내음이 들어있다.

호숫가 샘에서 물을 긷던 어머니의 모습이 아른거린다. 빨리 와서 저녁을 먹으라고 나를 부르는 익숙한 목소리가 들리는 것도 같다. 낮에는 밭에서 일하느라 늦은 밤까지 빨래하던 샘터다. 모든 것은 그대론데 어머니만 없다. 넉넉지 못한 형편에 아홉 남매를 키우느라 얼마나 고단했을까. 삶이 버거울 때마다 돌담 너머 호수를 바라보며 한숨짓고 눈물 훔쳤을 어머니를 생각하니 가슴이 빽빽해진다. 철없이 행동했던 지난날을 돌아본다.

초등학교 4학년쯤, 한창 더위가 기승을 부리던 여름날이었다. 영화를 홍보하는 차가 동네 어귀에 나타났다. 스피커에서 터져 나오는 소리가 아침부터 아이들의 가슴에 묘한 흥분을 불러일으킨다. 마을공회당 마당에서 영화 상영을 한다는 소식이다. 친구들과 조개 잡으러 가는 발걸음이 날아갈 듯 가볍다. 조개를 많이 잡으면 어머니께서 기분이 좋아 영화 관람을 허락할 거라는 기대에 신바람이 났다.

얕은 백사장에 발을 모으고 비비적거리다 보면 발밑에 조개가 닿는다. 물기를 머금은 조개 무리가 빛을 받아 반짝반짝 빛깔도 곱다. 통통한 모시조개가 하나 둘 셋…. 그러다 숫자 세기를 포기한 지 이미 오래다. 영화 볼 생각에 지친 줄도 모르고 늦은 시간까지 열심히 잡았다. 꽤 많은 양의 조개가 바구니에 담겼다. 묵직한 조개 바구니를 들고 집으로 향하는 발걸음은 날아갈 듯하다. 개선장군이 따로 없다.

급히 허기를 채우면서도 마음은 이미 공회당을 기웃거리고 있었다. 날이 어둑해지자 누나는 어느새 어머니에게 허락받고 구경 간다며 호들갑이다. 나도 따라가겠다고 조심스럽게 말했지만, 어머니는 허락하지 않았다. 입장료를 내고 영화 관람을 하기엔 너무

어리다는 판단에서였다. 기대가 무너지고 말았다. 막무가내로 졸라댔지만, 어머니의 대답은 한결같다. 아침부터 얼마나 기다린 시간인가. 그것 때문에 조개도 묵직하게 잡았는데, 마음을 몰라주는 어머니가 야속하고 미웠다. 그렇다고 순순히 포기할 내가 아니다.

잡아 온 조개를 죄다 버리겠다고 울며 악을 쓰고는 바구니를 들고 울담 쪽으로 갔다. '차륵차륵' 소리가 크게 들리도록 바구니를 흔들어대며 버리는 시늉을 했다. 그러자 어머니가 허겁지겁 달려와 돈을 건넨다. 속바지 작은 주머니에 꼬깃꼬깃 숨겼던 지폐다. 납작해진 지폐는 이미 어머니 몸의 일부처럼 귀하게 느껴졌다. 그렇게 막무가내로 얻어낸 돈을 들고 영화를 보러 달려갔다. 철없던 시절이었다.

그래도 마냥 철부지만은 아니었는지, 작은 체구에 보리 몇 단을 지고 뒤뚱거리던 때도 많았다. 바다와 호수의 경계인 둑길을 따라 집으로 보릿단을 날랐다. 서툰 등짐에 바둥거리면서도 안간힘으로 버티며 어머니 뒤를 따랐다. 그런 나를 아랑곳하지 않고 어머니는 앞장서서 바쁜 걸음을 재촉했다. 그까짓 보릿단에 져서 쓰러지지는 않을 것이라고 아들의 뚝심을 믿었던 것 같다.

어려움을 오히려 삶의 스승으로 삼아 강인하게 살아온 어머니처럼 온갖 풍랑을 견뎌온 호수도 변함없이 품이 넓다. 인간과 자연에 젖줄이 되고 둥지가 되는 호수다. 그러나 고여있는 물은 종착지가 아니기에 과거의 시간을 끌고 바다로 향한다. 우리의 삶도 멈춘 듯 흐르고, 흐르는 듯 멈추며 어딘가로 향하고 있는 게 아닐까. 어둠을 품은 호수의 뒤척임이 밤을 부르고 소나무는 가지 사이에 바람을 가둔다. 고요함 속에 호수는 더욱 푸르다.

우뭇가사리

아침부터 마을이 술렁인다. 평소 조용하고 평온하건만 오늘만큼은 분주한 기운이 감돈다. 마을 책임자의 음성이 스피커를 타고 적막을 깨뜨린다. 우뭇가사리를 채취하는 날이니 어촌계원들은 열두 시까지 바닷가로 집결하라는 내용이다. 마을 책임자의 힘이 가득 실린 목소리를 타고 활기가 사방팔방으로 뛰어다닌다. 갑자기 바빠진 동네 아주머니들의 분주한 발걸음이 눈에 띈다. 아내도 빨래를 널고 있는 손이 점차 빨라진다.

집안일을 마친 아내가 서둘러 우뭇가사리 채취 도구를 챙긴다. 준비할 시간이 충분한데도 마음이 급한 모양이다. 우뭇가사리는 해녀들의 소득원 중에 가장 큰 몫을 차지한다. 게다가 채취 기간이 정해져 있어 시기를 놓치면 낭패니 그럴 수밖에 없다. 마을 사람이 공동으로 하는 연례행사라고 해도 과언이 아니다.

매년 우뭇가사리 채취 시기가 되면 남편들의 손도 귀해진다. 바다에서 건져 올린 우뭇가사리를 뭍으로 옮기고 운반하는 건 남편들이 도와야 해서다. 해녀들은 아무리 바빠도 바다에 나갈 때면 화장을 한다. 어차피 바닷물에 씻겨 내리고 잠수복에 가려질 텐데 왜 굳이 단장하는지 의아하게 생각할 수도 있다. 하지만 해녀들에게는 바다가 엄연한 직장이고 청춘을 보낸 곳이며 삶의 터전이다.

서둘러 바닷가에 도착하니 이미 많은 사람이 모여 있다. 테왁과 망사리를 챙기는 사람, 고무 옷을 입는 사람들로 왁자하다. 모든 어촌계원이 함께하는 일이니만큼 북적북적한 분위기가 여느 날과 다르다. 이날만큼은 특별한 사람들도 바다로 뛰어든다. 평소 육지에서 거동이 불편하여 힘들어하던 어르신들이다. 이미 해녀 일을 그만둔 분들이지만 우뭇가사리 채취에는 참여한다.

책임자가 입어하라는 말과 동시에 사이렌이 울린다. 바다로 향하는 해녀들은 전장에 나가는 병사처럼 씩씩해 보인다. 게다가 일 욕심에 대한 의지로 결연하기까지 하다. 육지에서는 서로 돕고 살아가지만, 삶의 터전인 바다에서는 경쟁할 수밖에 없다.

그들은 한 손에 테왁과 망사리를, 다른 손에는 오리발을 들었다. 온통 검은색으로 무장한 그녀들, 부서지는 햇빛 속에 더욱 도드라져 보인다. 눈이 부신 걸까. 그녀들의 그림자가 햇빛 속에서 휘청거리는 것 같다. 허리에 매단 연철의 무게 때문인지, 삶의 무게에 짓눌려서인지 가늠할 수 없다. 용감한 여자들이라고 하지만 바다가 두렵기는 마찬가지 아닐까. 심연을 알 수 없는 바다가 그녀들의 삶을 옭아매고 있는지도 모른다.

연철은 해녀가 물질할 때 허리에 매는 도구다. 널따란 고무 밴드에 둥글거나 네모난 혹은 구슬형으로 만들어진 납덩이를 여러 개 연결한 것이다. 해녀가 바닷속으로 들어갈 때 연철은 큰 도움이 된다. 다른 사람에 비해 상대적으로 힘이 약한 사람도 납덩이를 더 매달게 되면 잠수하기가 훨씬 수월하다. 한사코 밀어내는 물의 저항을 여자의 힘만으로 뚫고 들어가기란 쉽지 않은 일이다.

해녀들은 자신의 잠수 한계를 알고 있기에 참았던 숨이 한계에 다다르기 전에 물위로 나온다. 그러나 때로 더 많이 채취하려다

보면 자신의 숨을 넘어서고 싶은 욕망에 사로잡힐 때가 있다. 그 마음을 다스리지 못하고 마지막 숨까지 다 써버리게 되면 물숨의 위험이 따른다. '물숨'은 사람의 숨이 아닌 물의 숨이며 바로 죽음을 뜻한다. 그러니 경험 많은 해녀가 물질을 갓 배운 사람들에게 가장 조심하라고 강조하는 게 물숨이다.

남편들도 준비해간 테왁을 들고 아내가 들어간 바다 근처 갯바위에서 대기한다. 기다리는 동안 남편들은 막걸리판을 벌인다. 시간을 죽이느라 이야기꽃을 피우지만, 마음과 시선은 바다에 가 있다. 아내는 바닷속에서 순간의 삶을 사는 데 안전한 곳에 있는 게 못내 미안해서다.

망사리에 우뭇가사리가 가득 채워지면 남자들이 힘을 쓸 차례다. 남편들은 들고 있던 막걸릿잔을 놓아둔 채 달려가 무거운 망사리를 물 밖으로 끌어올린다. 우뭇가사리는 바닷물을 잔뜩 머금어 무게가 상당하다. 바위에 올려놓고 물이 빠질 때까지 기다린다. 물이 다 빠지면 각자 경운기나 트럭에 싣고 건조할 장소로 옮긴다. 망사리에서 쏟아진 우뭇가사리는 발그스름한 꽃송이처럼 곱다. 잡풀과 이물질을 제거하고 햇볕과 바람이 잘 들도록 고르게 펴서 널어준다.

이런 작업은 한 달 넘게 계속된다. 온몸에 기를 다 짜내는 중노동이건만 해녀들은 바닷물에만 들어가면 생기가 넘친다. 하지만 어찌 힘들지 않겠는가. 바다의 속성을 알고 순응해야만 바다는 그녀들을 품는다. 욕심을 부리지 않으면 안온한 바다, 끊길 줄 모르는 젖줄 같은 바다다. 그 품에 안겨 그녀들은 자유로움을 얻는다. 그러니 거침없이 뛰어들 수 있는 것이리라.

해녀들의 몸에는 짠 내음이 깃들어 산다. 바다와 합일하고 얻은 고통의 사리다. 예전 제주 어머니들은 아버지보다 생활력이 강했다. 밭에서 일하다가 물때가 되면 깊은 물 속을 헤집고 다녔다. 온종일 쉴 틈이 없었던 그녀들에게 가족은 삶의 의미였다.

물질은 생명을 담보로 하는 거룩한 노동이다. 그러니 삶과 죽음의 경계를 넘나드는 숨, 그 숨을 해녀들은 매번 참아야 한다. 우뭇가사리를 채취하는 날은 해녀를 아내로 둔 남편들의 숨소리도 거칠어진다. 한없이 내어주는 바다 앞에 겸손해지기도 한다. 우뭇가사리의 발간 속살처럼 바닷속에는 치열한 삶으로 익어가는 제주 해녀들의 가쁜 숨이 넘나들고 있다.

고사리의 계절

밤사이 대지의 여신은 몹시도 바빴겠다. 들녘을 온통 연초록 바탕으로 칠해 놓았으니. 붓이 지나간 곳마다 상큼한 푸른 빛이 돈다. 봄은 시작이 어렵지 한번 번지면 이내 사방팔방에 꽃불을 피운다. 좀 천천히 가라고 붙잡고 싶을 만큼 거침없다.

이파리보다 먼저 피어난 꽃은 자리를 오래 차지하지 못한다. 밀고 올라오는 초록의 전초병이 되고 만다. 화르르 피었다가 지는 꽃 뒤에서 앙증맞은 이파리가 불쑥 고개를 내민다. 화려한 꽃들이

지고 나면 조용히 숨은 듯 피는 꽃이 있다. 우리 민족의 정서를 담은 소박한 꽃, 찔레다. 찔레꽃은 요란하지 않지만, 향기는 진하다. 넓고 환한 곳보다는 들길이나 좁은 길에서 흔히 만난다. 은은한 향기에 고개를 돌리면 새하얀 꽃이 바람결에도 다소곳이 꽃잎을 펼친다.

하지만 그보다도 먼저 올라오는 게 고사리다. 찬바람이 슬그머니 사라지고 훈풍에 봄비가 내리고 나면 고사리는 쫑긋쫑긋 고개를 내민다. 꽃은 보는 것으로 사람들에게 기쁨을 주지만 고사리는 겨우내 멀어진 입맛을 돌게 한다. 봄의 정기를 듬뿍 담고 있으니 제때 꺾으려는 사람들로 분주하다.

동네 사람들이 이른 새벽부터 분주하다. 민박 손님이 퇴실 전이라 여유롭지 않은데, 한두 시간만 얼른 다녀오자며 아내도 덩달아 부산스럽다. 이런 일은 난생처음이라 선뜻 내키지 않는다. 아내가 바쁜 와중에도 굳이 나서려는 건 고사리에 대한 욕심만은 아니다. 나와 동행하고 싶은 마음이 적지 않음을 알기에 못 이기는 척 따라나선다.

고사리 꺾는 아내의 모습을 곁눈질한다. 애써 따라 하는데 제대로 못 한다고 핀잔이다. 줄기 끝이 아기 손처럼 오므린 걸 꺾으라고 아내는 시범을 보인다. 잎이 편 건 세서 먹을 수가 없단다. 하지만 맘과는 달리 손은 어설프기만 하다. 밥상 위에 올라온 고사리 반찬은 잘도 먹었는데 꺾기는 여간 힘든 게 아니다. 가시넝쿨 속에 숨어 있는 건 어찌할까 망설이다 또 아내의 재촉을 받는다. 아내는 날카로운 가시가 두렵지도 않은가 보다. 덤불 속에 숨은 고사리는 햇볕이 닿지 않아 부드러우면서도 길고 실팍지다. 하지만 여간해선 만나기 어렵다.

아내에게 제대로 교육을 받은 덕분에 이제는 혼자서도 꺾으러 다닐 만큼 재미가 붙었다. 실은 꺾는 재미도 좋지만 들판이 온통 초록이니 싱그러운 기운을 받고 싶은 마음도 없잖다. 덤불이 우거진 곳도 망설임 없이 길을 내며 다닐 정도로 익숙해졌다. 누군가 이미 만들어 놓은 길로 다닐 때는 무덤덤했는데, 가시덤불을 헤쳐 새길을 낼 때는 성취감도 맛본다.

꺾는 데만 정신이 팔리다 보면 어디가 어딘지 분간을 못 하기도 한다. 고사리 꺾다 길을 잃은 사람을 찾느라 구조대가 출동했다는 이야기를 가끔 듣는데 이해할만하다. 무슨 일이든 앞만 보고 가면 길을 잃을 수 있다. 주위를 살피고 정신을 놓지 말라는 충고로 받아들인다.

고사리는 신비롭게도 사람의 눈을 피하는 영험함이 있다고 한다. 미상불 찬찬히 살피며 지나온 길도 다시 돌아보면 '여기도 있지요.' 하는 듯 멀쩡한 게 도드라져서 사뭇 놀란다. 숙인 자세로 찬찬히 살펴야만 얻을 수 있는 귀한 보물이다.

가난하게 살던 어린 시절에는 명절이나 제사 때만 고사리나물을 맛볼 수 있었다. 그때는 밥상 위에 올리기보다는 돈으로 바꿔 살림에 보태기 바빴다. 하지만 제사상에는 꼭 올려야 하는 중요한 음식 중 하나였다. 채취도 쉽지 않다. 허리를 수그렸다 폈다 하는 동작이 수백 번 이어진다. 꺾는다고 해서 바로 먹을 수 있는 게 아니다. 삶아서 말리는 작업이 더해진다. 사람 손이 많이 가고 시간도 걸린다. 손질하다 보면 세상에 쉬운 일이 없음을 실감한다.

고사리는 우리 몸의 신진대사를 돕는 데 탁월한 효능을 갖고 있다. 하지만 독성이 있으므로 생으로 먹으면 안 된다. 그래서인지 소와 말 같은 초식동물은 먹지 않는다. 독성을 제거하기 위해 데치고 찬물에 우려내는 과정을 꼭 거쳐야 한다. 또한 봄에만 수확이 가능하다. 그러나 말려서 보관하면 사계절 맛볼 수 있는 친숙한 음식이다.

고사리를 꺾을 때마다 한편으론 마음이 편치 않다. 활짝 펴보지도 못한 여린 순을 꺾어야 하기 때문이다. 꺾인 자리에 맺힌 진한 눈물을 보면 바삐 움직이던 손을 황망히 멈추게 된다. 살려고 고개를 갓 쳐든 생명에 대한 경외감을 떨칠 수 없어서다. 그래도 버려지는 것이 아니라 제사상에 올라앉아 뭇사람들에게 예우를 받으니 헛된 삶은 아니라고 나름 변론도 해본다.

적막한 들판 덤불 속에서 깊은 사색에 잠길 수 있는 것도 색다른 행복이다. 명상하듯 이런저런 생각에 잠겨 길을 냈더니 비닐봉지가 제법 묵직하다. 흐르는 땀을 무심결에 소매로 마구 닦은 탓에 이마가 쓰리다. 늦게 배운 도둑이 날 새는 줄 모른다더니 나를 두고 한 말 아닌가.

고사리는 열두 형제라고 한다. 꺾고 난 뒤 다시 그 자리에 가보면 자라고 있어서 나온 말일 게다. 하지만 생존하는 시기가 정해져 있기에 시절이 다하면 생을 놓을 것이다. 갑자기 기척에 놀란 노루가 풀쩍 뛰는 바람에 나도 놀라 사색에서 깨어난다. 저만치 달아난 노루가 찔레 넝쿨 덮인 돌담을 급히 넘는다. 굽혔던 허리를 펴고 봄볕이 해사한 주위를 둘러본다. 그만 됐으니 어서 오라고 말하는 아내의 목소리가 들리는 것 같다.

어둠과 빛의 간격

세차게 불던 바람도 자취를 감추었다. 오늘은 봄 날씨처럼 따뜻하다. 움츠렸던 몸과 마음을 펴고 둑길을 걷는다. 둑을 경계로 바다와 호수가 구분된다. 바다에는 해녀들의 자맥질이 한창이다. 건너 호수에서는 청둥오리들이 한가한 시간을 붙들고 있다. 청둥오리가 아름답고 고고해 보이는 건 물갈퀴의 쉼 없는 움직임 덕분이듯이 겉으로 보이는 게 다가 아니다. 세상 이치에 이면이 존재하기 마련이고 내게도 힘든 시절이 있었다.

군 복무를 하다가 뜻하지 않게 사고를 당해 오랜 투병 생활을 했다. 움직일 수조차 없이 눈만 말똥말똥하며 지내던 그때의 일을 떠올리면 지금도 긴장된다. 살아야 한다는 절박한 심정으로 버텨온 시간이 있었기에 지금은 온전한 모습으로 생활하고 있다. 짓눌려 있는 신경을 되살리려는 부단한 노력이 회복을 도왔다. 악착같이 버텨온 병원에서의 재활 치료 덕분이었다.

어느 정도 일상생활이 가능해지자 전역하였지만, 실질적인 문제에 부딪혔다. 오른팔을 사용하는 게 자유롭지 않았다. 팔을 제대로 쓸 수 없다 보니 좌절감에 휩싸였다. 하루하루를 투정과 짜증으로 지내는 사이 정신과 몸은 엉망이 되었다.

마음을 다잡기까지 오랜 시간이 걸렸지만 한번 해 보자는 오기가 발동하였다. 머리가 복잡하면 둑을 찾았다. 둑에 앉아 푸른 바다를 보며 마음을 다스렸다. 무언가를 하려면 오른팔부터 정상으로 만드는 일이 시급했다. 숱한 각오와 다짐으로 자신을 다독였다.

그러던 어느 날 둑에 사람들이 모여 있었다. 둑 보수공사를 위해 모인 이들이었다. 사람들은 돌을 나르고 쌓았다. 성치 않은 오른팔 때문에 고민이 되었지만, 용기를 내어 책임자를 찾아갔다. 대뜸 일하게 해달라고 졸랐더니 위아래를 훑어보고는 흔쾌히 승낙

하였다. 겉으로 보기에 문제가 없다고 판단했는지도 모른다.

하지만 걱정이 앞섰다. 과연 다른 사람들과 같이 무거운 돌을 나를 수 있을까. 다음날 누구보다 일찍 둑으로 나갔다. 조금 있으려니 사람들이 오고 한 팀을 소개해 주었다. 책임자는 돌 쌓는 사람들의 일을 보조하도록 했다. 나로서는 다행한 일이라 여기는데 정작 어머님은 걱정을 놓지 못하셨다.

일은 점점 힘들어졌지만, 절실했기에 굳은 의지로 무사히 그 일을 해낼 수 있었다. 예상대로 오른쪽 팔이 자연스러워졌다. 덤으로 돈도 벌었으니 탁월한 선택이었던 것 같다. 한 달 가까이 일을 하다 보니 정신과 몸은 낙담하던 때와 사뭇 달라지기도 했다. 어떤 일이든 할 수 있다는 자신감도 생겼다. 어머님이 제일 기뻐하셨다. 그때 어머니의 심정이 어땠을까. 아마도 매일 간절한 마음으로 빌었을 것이다.

일을 끝낸 후 헤벌쭉 들뜬 마음을 안고 서울로 향했다. 어릴 때부터 내게는 사전에 철저히 챙기고 생각하는 습관이 있었다. 어떤 회사를 선택할지, 어떤 직종에서 일을 시작할지 주변 사람들에게 조언 듣는 걸 마다치 않았다. 의견을 종합하여 S 회사를 선택하였다.

다행히 한 달 후에 시험을 치른다는 말에 마음이 놓였다. 시험 응시에 필요한 서류를 챙기고 등록 절차를 밟았다. 접수하는 사람이 시험에 필요한 책을 소개해 주었다. 그 책을 시험 전날까지 외우다시피 하였다. 떨리는 마음으로 시험에 응시하였고 다행히 합격이라는 행운을 만났다.

지금이야 쉽게 이야기하지만, 그때는 철저하게 계획을 세우고 오로지 합격하겠다는 신념뿐이었다. 며칠 동안 잠잘 시간 없이 공부에 열중했다. 무엇이든 쉽게 얻어지는 것은 없다. 어떤 일을 성취하려면 간절하게 바라는 마음이 중요하다고 본다. 무턱대고 실행하기보다는 철저하게 분석하고 냉철하게 판단한 후 실행에 옮겨야 목표에 가까이 다가갈 수 있다.

서울에서의 직장 생활은 많은 걸 보고 배우는 데 좋은 기회가 되었다. 만약 실의에 빠져 비관하고 남 탓만 했더라면 성장하지 못했을 것이다. 끊임없이 자신을 다독이고 계획을 세워 추진함으로써 좀더 밝은 결과를 얻을 수 있었다. 부족한 부분은 오로지 스스로 채워 나갔다. 그 누구도 대신해 주지 않았다. 모르는 게 있을 때는 인생 선배에게 직접 찾아가서 물어보고 확인할 정도로 열정을 다했다.

부족한 부분을 채우려면 꼼꼼한 준비는 필수였다. 처음부터 모든 걸 알고 잘하는 사람은 없다. 일단 현실에 부딪히다 보면 나름대로 판단할 수 있는 역량이 생긴다. 무엇을 하든 목표를 세우고 치밀하게 계획하고 실행한다면 자신감도 생기고 삶이 즐거워진다.

지금 생각해 보면 그렇게 도전할 수 있었던 용기가 어디서 생겨났는지 모르겠다. 그렇다고 두려움이 없었던 건 아니다. 도전한 일이 실패했을 때 미칠 역효과를 생각하며 잠을 못 이루는 일도 허다했다. 그러나 성공했을 때의 기쁨을 상상하며 도전을 멈추지 않았다.

마음가짐에 따라 결과는 크게 달라진다. 현재에 안주하는 삶보다 도전할 줄 아는 삶이 더욱 가치 있다. 물론 도전할 때의 마음가짐은 실패보다 성공을 염두에 두어야 한다. 그만큼 더 행복한 결과를 생각하고 자신을 독려한다면 긍정적인 결과로 이어질 확률이 더 높을 테니까. 인생은 도전이란 발판을 끝없이 디디며 건너는 긴 여로이다.

철새와 노인

고루하기만 한 일상이 어느 날, 특별해 보일 때가 있다. 오늘이 딱 그렇다. 주위 사물들이 금방 붓 터치를 끝낸 수채화처럼 생기롭다. 매일 대하는 풍경인데 심안이라도 열린 것일까. 현상의 세계인지 본질의 세계인지 모를 감정의 변화가 몸을 움직이게 한다.

얼른 옷을 갈아입는다. 망설이면 생동하는 자연과의 교감을 놓칠 것 같다. 게으름에 젖어있던 몸이 색의 마술사인 자연에 자극받아 동요를 일으킨 것인지도 모르겠다. 운동화 끈을 조이고 집을 나선다. 기필코 등에 땀이 번지도록 걸어봐야겠다고 야무진 각오를 한다.

발걸음은 어느덧 어릴 적 자주 다녔던 길로 들어선다. 같은 장소에 있지만 예전 길은 아니다. 길도 사람만큼이나 변했다. 사람 한 명이 등짐을 지고 겨우 다닐 정도로 협소했던 길이 이제는 자동차가 다닐 만큼 넓어졌다. 언틀먼틀한 흙길이 포장되면서 매끈한 길로 거듭났다. 길 주변엔 더러 옛 모습이 남아있긴 하나 정취는 예전 같지 않다. 호수를 끼고 걷다 보면 지하수가 펑펑 쏟아지는 샘터가 나오고 명법사라는 절도 만난다. 주변 갈대숲은 겨울철에 철새들의 보금자리가 된다.

한발 한발 디딜 때마다 기억의 문이 열린다. 한때 어머니와 수없이 걸었던 길이라 그때의 일이 생생하게 남아있다. 등짐이 무거워 늑장을 부리면 빨리 가라는 어머니의 재촉이 등을 떠밀었다. 당시는 가을마다 연례행사처럼 촐(꼴)을 벴다. 촐은 여러 가지로 쓸모가 많아 베고 말리고 운반하는 일은 매일 이어졌다. 전날 널어 둔 꼴이 마르면 등짐으로 운반한다. 저물녘이라 집으로 향할 때는 어둠이 길을 삼켜버린다. 어린 나로서는 걸음이 늦을 수밖에 없다. 하긴 지금 등짐을 지고 걷는다 해도 그때나 지금이나 별반 다르지 않을 것 같다. 기억이 시공간을 넘나드는 동안 어머니의 목소리가 아련하다. 이제는 들을 수 없는 소리지만 그리움을 풀어놓을 장소가 있으니 다행이다.

넓은 호수에 청둥오리 대여섯 마리가 부표처럼 물결을 타고 있다. 멀찌감치 서로 떨어져 자맥질에 열중이다. 아마도 먹이를 찾는 것 같다. 지금은 늦여름, 오리가 있어야 할 철이 아니다. 봄에 벌써 떠났어야 했는데 무슨 일일까. 철새는 겨울이 시작되면 이곳으로 찾아온다. 함께 모여 지내다가 봄이면 호수를 박차고 공중으로 날아오른다. 대형을 이루며 먼 길을 떠나기 위해서다. 그런데 몇 마리만이 함께 떠나지 않고 남아있는 게 몹시 궁금하다. 떠나지 못한 철새에겐 필시 무슨 사연이 있을 테다.

청둥오리 한 마리가 주위를 두리번거린다. 점점이 번지는 물결 외에 텅 빈 호수는 오리의 몸짓을 돋보이게 한다. 잠깐 동작을 멈추고 먼 데를 바라본다. 오리의 눈빛을 볼 수는 없지만 아마도 그리움이 가득 고여있을 것 같다. 기다림이란 무릇 사람에게만 있는 정서가 아닐 것이다. 철새가 견뎌야 할 외로움이 호수에 가득 차 있다.

오리의 마음을 헤아리다 다시 길을 걷는데 앞에서 동네 노인이

휘적휘적 다가온다. 인사를 받는 노인의 안색이 초췌하다. 얼굴은 웃고 있는데 공허함이 엿보인다. 팔십 대 중반인 노인은 아들 둘에 딸 셋을 두고 있다. 자식은 모두 결혼해서 떠나고 오래전에 부인을 잃은 노인은 혼자 지낸다.

직업군인 출신인 노인은 전역 후에 말馬을 길렀다. 그러다가 점점 힘에 부쳤는지 그만두고 지금은 특별히 하는 일 없이 지내는 것 같다. 그래도 매일 아침 산책은 빠지지 않는다. 말 키우는 일을 오래한 덕분인지 나이에 비해 걸음걸이가 반듯하다. 하지만 쓸쓸함은 감출 수 없는 모양이다. 노인의 등을 보고 있으면 홀로 지내는 사람의 쓸쓸함이 읽힌다. 굳이 말하지 않아도 알 수 있는 노인의 생활이다. 자식들이 왔다 갔다며 자랑하는 목소리가 허허롭다. 멀어져 가는 노인 옆에는 호수에서 목을 빼고 있는 오리가 보인다. 그 사이로 바람이 숨바꼭질을 하고 햇빛이 휘어지며 갈대가 술렁인다.

노인의 모습이 예사로 보이지 않는 건 누구나 견뎌야 하는 혼자만의 시간 때문이다. 오래전 나에게도 그런 시간이 있었다. 눈을 떠도 눈을 감아도 외로움의 그림자는 끈질기게 붙어다녔다. 뭔가 단절되어버린 느낌, 소외에 대한 두려움, 알 수 없는 불안 같은 감정은 다스리기 쉽지 않았다. 조그만 자극에도 눈물이 나고 눈물은 마음에 깊은 수렁을 만들어 영혼을 흠뻑 적시곤 했다.

외롭다는 건 어쩌면 순간의 감정이라기보다 인간의 본질인지도 모른다. 누군가 옆에 있건 없건 수시로 찾아들었다가 사라진다. 또한 순식간에 들어와서 가슴을 치고 어느새 빠져나가는 얄팍한 감정이기도 하다. 그렇다고 해롭기만 한 건 아니다. 뭔가에 몰두함으로써 오히려 좋은 계기를 만들 수도 있다. 똑바로 직시하고 돌파구를 찾으려 할 때 생각지도 못한 창조적인 발상이 떠오르기도 한다.

선택의 순간에 더 처절하고 절실해지는 것도 특징이다. 자칫 오류를 범할 수 있는 혼돈의 상태에서 마주한 외로움의 얼굴은 냉정하다. 다행히 그 미로 같은 길을 더는 헤매지 않고 빠져나왔다. 힘들었지만 본질을 들여다보려고 노력했기에 가능했으리라.

갈대와 말벗하며 걷다 보니 어느새 반환점이다. 되돌아서 오는 길, 노인이 걸던 길을 따라 걷는다. 오리는 여전히 호수에 배경으로 남았다. 이상한 일이다. 아까와는 달리 오리가 외롭다기보다는 한가롭고 여유 있어 보인다. 생각을 달리하니 보이는 현상마저 달라지는 것인가.

어찌 생각하면 외로움이란 스스로 만들어내는 허상이 아닐까 싶기도 하다. 갈대의 수런거림이 잡다한 생각들을 잊게 한다. 호젓한 기분에 마냥 걸어도 좋을 것 같다. 어느새 호수를 채운 바람이 옆에 와서 살며시 옷깃을 붙잡는다.

물옷

봄볕이 마당에 꽉 들어찼다. 며칠 쌀쌀한 날씨가 이어지더니 모처럼 햇볕이 따사롭다. 몸을 움츠리고 있던 어린 잔디도 조심스레 고개를 든다. 추위에 늘 긴장하고 있던 바지랑대도 가슴을 내밀어 봄볕을 즐긴다. 빨랫줄에 널린 빨래 위로 햇살이 와글와글 쏟아진다. 바람이 알맞게 불어준다면 따스한 봄 풍경으로는 그만이겠다.

빨랫줄 한쪽 귀퉁이에서 고무옷이 말라가고 있다. 중심을 양보하고 귀퉁이로 물러앉은 까만 옷은 아내가 물질할 때 입는 잠수복이다. 오랫동안 아내를 지켜준 고마운 물건이지만, 환한 빛에 드러난 옷은 성한 곳이 없다. 해진 자리를 덧댄 흔적이 유난히 도드라져 보인다. 마치 파스를 다닥다닥 붙인 아내의 몸처럼 물옷도 성한 곳이 없다. 험한 바닷속을 누비다 보니 닳아서 찢어지고, 색도 바랬다. 아내의 고된 삶이 배어든 물옷과 구멍난 양말을 만져본다. 짠내가 손끝에 전해진다. 묵묵히 바닷일을 견뎌내는 아내처럼 고무옷도 어지간한 일에는 꿈쩍 안할 만큼 결기에 차 있다.

아내가 바다에 물질하러 나설 때면 가슴에 거센 찬바람이 인다. 애써 표정을 감추려 하지만 매번 들키고 만다. 오히려 씩씩한 건 아내다. 전장에 나가는 전사처럼 다부지다. 해녀들은 보통 해녀탈의실에서 잠수복으로 갈아입지만, 아내는 집에서 미리 입고 출발한다. 고무옷은 입는 순서와 방법이 있다. 피부와 잘 밀착되고 입기 편하도록 얇은 면옷을 안쪽에 먼저 입힌다. 그런 후 속옷을 입고 양말을 신은 다음 바지부터 입는다. 여기까지는 아내 혼자서도 충분하다.

하지만 윗도리를 입고 난 다음에는 다른 사람의 도움이 필요하다. 아래 옷과 연결이 잘되도록 잡아줘야 해서다. 요즘은 등이 시리다는 바람에 목 뒤쪽으로 고무 자투리를 두툼하게 덧대어 준다.

이 일은 누군가 도와주지 않으면 안 된다.

이렇듯 철저하게 준비할 때면 사뭇 비장하기까지 하다. 바다에 나갈 때는 생과 사의 경계선에 서지 않을 수 없어서다. 하지만 아내의 모습은 금방 변한다. 평상시에는 다리도 아프고, 어깨가 결린다고 하면서도 물질하는 날에는 생기가 도니 말이다. 바닷속에 있으면 마음이 안정되고 편안해진다니 아내는 천상 해녀다. 이미 바다와 한몸이 된 것이리라.

그러나 물질이 끝나고 테왁 망사리를 뭍으로 가지고 나올 때는 힘들어하는 모습이 역력하다. 아내를 돕기 위해 시간 맞춰 달려 나가는 이유다. 그런데 다른 일을 하다 보면 그 시간을 깜빡 잊어버릴 때가 있다. 조금이라도 늦으면 아내는 투정을 쏟아낸다. 평소 투정이란 걸 모르는 사람이지만 그때만은 얼굴이 굳어진다. 그만큼 물질이 힘들다는 것의 에두른 표현이다.

아주 예전에는 고무옷이 없었다. 요즘같이 짠물을 씻어낼 샤워장과 탈의실도 제대로 갖춰지지 않았다. 돌담을 둥글고 높이 쌓은 공터에 장작불을 피워 한기를 녹였다. 고무옷이 나오기 전 1970년대 초반까지 방한 기능이 전혀 없는 무명으로 만든 물소중이(하의)와 물적삼(상의)을 입고 물질했다. 그때의 해녀들은 얼마나 추웠을까. 지금으로선 상상도 하기 힘들다.

고무옷으로 바뀌면서 물속에 있는 시간이 길어지다 보니 더 많은 해산물을 채취하기가 용이해졌다. 고무옷의 기능도 예전에 비하면 훨씬 좋게 개선되었다. 안으로 새어든 약간의 물이 오히려 체온을 유지하는 역할을 하게 된 것이다. 틈새로 들어간 물이 다시 나가지 못하도록 하는 기능이 있다고 한다. 부력으로 더 오래 떠 있을 수 있고, 납 벨트를 착용하면 깊은 곳까지 잠수할 수 있다.

해녀가 물질하는 시간은 5시간에서 7시간 정도이다. 꽤 긴 시간이므로 잠수병, 이명, 저체온증 등 이상 증세를 배제할 수 없다. 이를 감수해야 하는 극한직업에 속한다. 해산물을 채취하고 난 뒤 수면으로 올라오는 도중 정신이 아득할 때가 종종 있다는 말을 아내에게 들었다. 그럴 때면 깊은숨이 새어 나왔다.

욕심을 부리거나 방심하는 순간 생사가 갈리기에 해녀들은 숨비소리를 '생과 사의 경계' 또는 '생애 최후의 날숨'이라 한다. 해녀들이 부르는 노래에는 "저승길 왔다 갔다.'라는 표현이 있을 정도다. 정신을 바짝 차리지 않으면 죽을 수도 있다는 말이다. 얼마나 힘이 들었으면 태어난 딸이 해녀를 못 하도록 엎어버린다는 말이 생겨났을까. 해녀들은 혼백 상자 등에 지고서 푸른 물속을 오락가

락한다는 말도 있다. 그런 삶 속에서도 우리의 해녀 어머니들은 자식 걱정이 우선이었다.

아내는 물속에 있을 때 가장 힘든 게 추위라고 한다. 바닷일을 끝내고 집에 오면 녹초가 되는 것만 봐도 알 수 있다. 온 힘을 바닷속에 쏟아놓고 온 아내의 모습은 때로 숭고하기까지 하다. 물질이란 아무나 할 수 있는 건 아니다. 게다가 본인이 좋아해야 하니 아내의 선택을 존중한다. 해산물을 옮기고 뒷수쇄 정도를 돕지만, 아내에 대한 미안함은 감출 수 없다.

일이 끝나면 고무옷이며 속옷의 짠내부터 씻어내야 한다. 아무리 빨아도 지린내는 가시지 않는다. 생리현상을 느낄 때 물속에서 해결하다 보니 지린내가 배일 수밖에 없다. 아내가 보낸 인내의 순간들을 대하는 것 같아 코끝이 시큰해진다.

옷이 잘 마르도록 뒤집는다. 고단했던 시간까지 햇볕에 보송보송 마르기를 기대하며 팔 부분과 다리 부분을 쭉쭉 펴준다. 빨랫줄이 휘청하도록 무거운 고무옷이 내 가슴에 새로운 무게로 얹힌다. 나무 의자에 앉아 커피잔을 손에 들고 있는 아내의 등이 햇볕으로 환하다.

초가집이어도 좋다

내가 사는 집은 한때 전국을 휩쓸었던 새마을 사업의 거센 바람에도 흔들리지 않았다. 새마을운동은 지역사회개발을 위한 것으로 전국적으로 행해졌다. 사업의 주요 과제 중 생활환경 개선은 농촌의 마을 길을 넓히거나 지붕을 개량하고 상수도 시설을 만드는 등의 일이었다.

운동이 농촌으로 널리 퍼지면서 너도나도 초가지붕을 걷어내는 데 열을 올렸다. 해마다 이엉을 얹어야 하고 손이 많이 가는 초가는 불편한 주거 형태다. 그러니 슬레이트로 바꾸는 건 어쩌면 당연한 일인지도 모른다. 비만 오면 질척거리는 마당도 시멘트 포장을 하자 한결 편리하고 깔끔했다. 하지만 우리 집은 초가 그대로 두었다. 지붕을 바꾸지는 못해도 마당만은 다듬었으면 하고 바랐다. 마당에서 팽이 치며 친구들과 신나게 놀고 싶은 욕심에서였다.

어느 날, 동네 집들은 거의 시멘트로 마당을 정리했는데 우리 집만 잔디를 심었다. 어머니께 그 이유를 물었더니 "초가집은 잔디가 어울리지."라며 알 듯 모를 듯한 웃음을 지으셨다. 어머니의 표정에는 비감이 어린 듯했고 그 느낌은 아직도 생생하다. 여의치 못한 집안 형편이 얼마나 원망스러웠을까. 그때는 어머니의 깊은 마음을 헤아리지 못하는 철부지였다.

초가지붕 아래서도 세월은 흘렀다. 장성한 형제들은 모두 분가했다. 나 역시 직장 생활을 하느라 한동안 집을 떠났다. 그러다 모든 것을 접고 다시 고향을 찾았다. 어머니는 금의환향하지 못한 나를 부끄럽게 여기지 않고 받아주셨다. 긴 세월 어머니의 한숨이 새어들었으련만 집은 여전히 따뜻함 그대로였다. 집 안팎을 정성으로 가꾼 어머니의 손길이 지친 나를 감쌌다. 초가집은 원래 형님 몫으로 정해져 있었지만 어쩌다 보니 내게로 돌아왔다.

그 후 초가는 삶의 터전으로, 어머니를 향한 사모곡의 성지로 자리매김했다. 집안 곳곳에 배어있는 어머니의 숨결은 물론 형제들과 함께했던 지난날의 추억을 고스란히 지키고 싶다. 새마을 사업의 힘을 빌리지 않더라도 재량으로 지붕을 개량할 수 있었지만 끝내 초가를 지켰다. 왜 고생을 자처하느냐는 주위 사람들의 염려에도 마음은 바뀌지 않았다. 그리고 지금도 바꿀 마음이 전혀 없다. 단지 불편함을 무릅쓰는 아내에 대해 미안함만은 여전하다.

초가집은 적어도 두 해에 한 번은 삭은 지붕을 걷어내어 교체해야 한다. '지붕을 인다.'라고 하는 작업이다. 어릴 적에는 지붕을 이는 시기가 되면 온 동네가 들썩거렸다. 서로 품앗이해야 했기에 동네 사람들이 모여 집집이 돌아가며 큰 행사를 치르듯 하였다. 그런 날은 밥상 차림도 평소보다 더 푸짐했다. 아이들이야 덩달아 신이 날 수밖에 없었다.

하지만 요즘 초가집을 관리하기란 여간 힘든 게 아니다. 무엇보다 겨울철이 되면 새(띠)를 마련해 둬야 하는데, 그 일이 녹록지 않다. 당시만 해도 농지를 개간할 엄두를 못 낼 때라 들에 나가면 온통 새밭이었다. 온 마을이 초가집이었기에 저마다 새밭 관리에 정성을 다했다. 지금은 어디고 시멘트와 벽돌로 건물이 세워지고,

온갖 장비로 들과 오름을 파헤쳐 개발하는 시대가 아닌가. 그러니 새가 자라는 땅이 거의 사라지고 없다. 들을 헤매며 쓸 만한 걸 조금씩 베어 마련해 두어야 한다. 만만치 않은 일이다.

지붕을 이는 건 어떤가. 바람 불지 않는 날을 정하는 것도, 기술자를 구하는 것도 보통 힘든 게 아니다. 옛 시절에는 어지간하면 누구나 지붕을 이는 능력이 있었으나 지금은 그렇지 않다. 동네 사람 중에 기술이 있는 분들은 팔십 세가 넘었다. 그러다 보니 이엉 작업하기를 꺼린다. 위험을 감수하고 일을 해줄 만한 사람 찾기가 쉽지 않다. 할 수 없이 모든 일을 민속촌 사람들에게 맡길 수밖에 없었다.

이처럼 손이 많이 가고 관리가 쉽지 않은 게 초가집이다. 그런데도 모든 걸 감수할 만큼 초가집이 좋다. 무엇보다도 어머니를 느낄 수 있음이 가장 큰 위로다. 오름의 능선 같은 초가의 완만한 곡선에서 어머니의 마음을 본다. 때로는 여기저기 옹이처럼 박인 어머니의 한숨을 기억하고 정성껏 쓸고 닦던 그 손길도 읽는다.

초가집이 불편하기만 한 건 아니다. 여름은 열을 덜 받아 시원하고 겨울은 보온성이 뛰어나 따뜻하다. "사람은 옛것이 좋고 물건은 새것이 좋다."라는 말이 있지만, 지켜야 할 옛것도 있다.

아담한 초가에 푸른 잔디마당, 돌담과 호수, 오름과 바다, 평온한 그림 같은 풍경이 어떤 사람들에게는 동경의 대상이 되는 듯도 하다. 길을 가던 관광객들이 수시로 들어와 구경하는 걸 보면 말이다. 외지인들과 공유하고 싶은 마음에 바깥채 내부를 수선하여 민박 시설을 갖추었다.

그리고 현대식으로 조그맣게 두 칸을 더 지어 손님을 맞고 있다. 독채 하나만을 빌려주다 보니 아쉬움이 컸던 이유다. 집안 경제에도 도움이 되고 제주를 찾아온 관광객들에게 감성을 나눠줄 수 있다며 아내가 즐거워한다. 이 모든 게 어머니의 숨결을 지킨 덕분이라 여긴다.

해가 갈수록 마을이 점점 적막해져 간다. 예전 같으면 아이들 노는 소리로 시끌벅적했을 텐데, 지금은 대부분 연세가 지긋하다. 사라져가는 옛것이나 사람에 대해 돌아볼 때가 아닌가 싶다.

마당을 가로지른 빨랫줄에 햇살이 걸려있다. 햇살을 털고 빨래를 너는 아내의 등이 초가의 지붕과 어우러져 편안한 오후를 만들고 있다.

제4부

바다의 변주곡

접接

한차례 비라도 쏟아질 듯 하늘이 잔뜩 흐리다. 이런 날은 우뭇가사리를 말리기가 어렵다. 그런데도 채취 작업은 예정대로 이루어질 모양이다. 요즘 바닷가 근처 사람들은 우뭇가사리 작업으로 바쁜 날들을 보내고 있다. 채취 기간이 정해져 있기에 빠질 수가 없다. 해녀들은 물론 가족까지 일에 매달린다. 우뭇가사리 채취는 공동체 작업을 기본으로 한다. 그러다 보니 딴 일을 제쳐두고라도 작업에 참여하는 게 우선이다.

오늘은 시를 공부하는 이들과 만나는 날이다. 작업을 일찍 끝내고 참석하려 했지만, 뜻대로 되지 않았다. 생계가 우선일 때는 어쩔 수 없다.

내게는 종류가 다른 여러 모임이 있다. 친구들 간에도 세 개나 된다. 우정을 돈독히 하고 대소사에 도움이 되자는 의미의 동아리다. 그리고 뒤늦게 시작한 문학에 관련한 것도 여러 개다. 친목을 다지고 문학에 관한 정보를 공유하며 함께 공부한다. 하지만 엄밀히 따지면 같은 취미를 가진 사람들끼리의 어울림이라는 게 더 맞겠다.

한때는 회의적인 마음도 없지 않았다. 참여하려면 많든 적든 비용과 시간을 들일 수밖에 없어서다. 단시간이 아닌 온종일 참석해야 하기에 망설여질 때도 있는 게 사실이다. 어울림을 싫어하는 성격이 아니지만 그런 제약을 무시할 수는 없었다. 그러나 지금은 부정적인 면보다 긍정적인 면을 더 생각한다. 사람이 사람답게 살려면 어울리고 깃들이는 건 중요하다.

어렸을 적에는 모임이 일상적인 생활처럼 이루어졌다. 지금과 성격이 다르지만, 형태는 비슷했다. 그 시절엔 경제적으로 서로에게 보탬이 되고자 하는 것이었다. 지금은 생각이나 추구하는 가치

관이 비슷한 사람들이 어깨를 겯는 게 대부분이다. 시대가 변하면서 그 성격도 달라졌다.

초등학생이었던 시절, 늦은 밤 어머님이 손에 쥐어주던 사탕이 생각난다. 어머님은 여러 모임에 나가셨고 그런 생활을 당연하게 여겼다. 그리고 그곳에서 받은 사탕이나 먹을거리를 남겨온 적이 많았다. 그러한 모임을 두루뭉술하게 '접'이라 불렀다. 접이 크게 성행한 탓에 어른들을 흉내내 아이들까지 할 정도였다. 뜻 맞은 이들이 모여서 만든 경우가 대부분이었다. 그러다 보니 한 사람이 여러 곳에 참여한 경우도 흔했다.

1960년대 즈음, 동네 사람들이 자발적으로 만든 모임의 종류 또한 다양했다. 이런 것들은 주로 마을 내에서 이루어졌다. 쌀접, 그릇접, 검질접(김매기접), 화단접(상여접), 돼지접, 갑장접, 장막접, 산담접, 멜 그물접 등 무수한 형태가 존재했다.

이렇게 많은 접이 제주에 생겨난 이유는 서로 수눌기 위함이었다. 수눌음은 제주도에만 있는 특수한 형태의 품앗이다. 이는 단순한 협업 이상의 의미를 지니고 있다. 농번기에 김을 맬 때, 집을 지을 때, 혼례나 장례를 치를 때, 마을 길을 닦을 때, 마소를 키울 때 등 모든 생활 영역에서 이어져 왔다. 동네의 일상생활 자체였다.

제주도에는 이렇게 다양한 형태의 수눌음이 생겨날 수밖에 없는 환경이었다. 제한된 섬이라 물자가 부족하다 보니 마을 공동체를 유지하기 위한 수단을 찾아야 했다. 자원과 노동력의 연대, 공유가 절대적으로 필요했다. 그만큼 절박함에서 비롯된 제주 특유의 문제 해결 방법이 접이라 할 수 있다.

이 접들은 제주 사람들의 끈끈한 결속력을 다지게 하고, 대외적 도전에 대응하는 훌륭한 힘이라 할 수 있다. 그러나 접 문화는 긍정적인 면만 있는 건 아니었다. 근면, 자주, 신용, 실용 정신의 발현으로 볼 수 있지만, 한편으로는 공화성, 열등의식, 배타의식의 표현이란 부정적인 측면도 배제할 수 없다.

접 문화의 본질은 서로에게 경제적인 도움을 주고자 함이었다. 어찌 보면 수눌음의 원천이기도 하다. 그중에서도 특히 화단접은 특별한 기억으로 남아있다. 마을 사람 중 누군가 죽으면 접원들이 상여꾼이 되고, 봉분 쌓는 일까지 도맡았다. 화단접은 상여접, 상장접이라고도 불리곤 했다. 이 역시 마을 공동체의 수눌음이다.

내가 사는 하도리에는 자생 마을마다 화단접이 있었다. 한 접은 대개 3~40명으로 구성되어 있으며 공원과 소임이라는 직책을 두고 관리 운영하였다. 마을에 초상이 나면, 장례 일자를 공원에게 통보하여 준다. 그러면 소임은 하던 일을 제쳐두고 화단을 준비하고 접원을 모아 우선 장례를 돕는다. 화단접은 상여를 대여하고 접원을 동원하여 운구, 진토, 봉분 등 공동 작업을 하게 된다. 당시 접원은 특별한 대우를 받았다.

출상 준비 전에 식사부터 한다. 접원은 식사 자리부터가 달랐다. "삼춘, 저 적꽂이에 퀜 궤기 좀 봅서게, 두툼ᄒᆞ게도 썰었주마는 하영도 꿰어싱게마씀."이라고 쑥덕거린다. 접원이 아닌 사람들에게는 돼지고기도 얇게 썰어 몇 점 주고 말았지만, 두툼하게 썬 고기를 푸짐하게 내놓을 만큼 상주들은 특별대우를 했던 것 같다.

지금은 상여를 매는 사람들이 거의 없고 영구차를 이용한다. 사실 상여는 무거워 상당한 숫자의 상여꾼이 필요하다. 그래서 마을 사람들끼리 모여 화단접을 만든 것 같다. 시대의 변천에 따라 장례문화도 많이 바뀌었다. 상여 나갈 때 소리꾼이 부르던 노래가 아직도 생생하다. 노래는 간단했다. "이제 가면 언제 오나~."라고 앞소리꾼이 선창하면 상여꾼들이 "어야~어어야~."라며 후렴을 넣었다.

접은 마을 사람들의 지혜가 돋보인 문화였다. 연결고리를 유지하기 위하여 한 사람이 여러 개의 접에 가입하여 활동했다. 그로

인하여 어떤 집안에 대소사가 생기면 이중삼중으로 도왔다. 당연히 온 마을 사람이 참여하는 형식이 되었다. 이렇게 동네 사람들이 연결되어 있었기에 오늘날 겹부조 문화도 탄생하지 않았을까 싶다.

제주의 수눌음은 공동체가 위기를 겪을 때, 위기를 극복하기 위한 사회 동력이었다. 제주지역에서는 유독 남자보다 여자의 접이 많았다. 4 · 3사건과 같은 위기의 시기를 지나자 물자가 부족했다. 이런 시점에서 마을 공동체 재건 문제에 여성들이 주체적으로 움직인 것으로 보인다.

우뭇가사리 작업도 엄밀하게 따지면 접의 형태라 할 수 있다. 한 사람의 힘보다 공동체의 힘이 능률을 올리는 데 더 큰 역할을 할 수 있으니 말이다. 게다가 어려움을 함께하고 나눈다는 것 자체가 벌써 마음을 여는 일임에랴. 접의 형태를 빌리자면 돕는다는 건 내가 받는다는 것과 동의어다. 접은 배타와 이기심이 아닌, 닫힌 문을 열게 하는 마중물이다.

편백扁柏 향

바다가 사납게 날뛴다. 우렁우렁한 울음을 싣고 온 파도가 철썩철썩 자신의 몸을 바위에 부딪는다. 그녀의 영정사진을 가슴에 안은 딸이 온몸으로 운다. 입을 꼭 다문 채 안장하는 모습을 지켜보는 남자의 눈이 발갛다. 차마 보낼 수 없음인지 절박한 눈빛이다. 남자는 우산도 쓰지 않고 빗속에 서 있다. 그녀의 마지막을 지켜보는 사람들의 모습에 서린 비통함이 주위를 무겁게 짓누른다. 바다도 몸부림치며 울고, 비는 바람을 붙잡고 통곡한다. 소나무에 앉은 까마귀들도 목이 쉴 것처럼 울음을 그치지 않는다.

사촌동생의 아내인 그녀는 성격이 다정다감한 편이었다. 해마다 명절 때가 되면 잊지 않고 김이 든 선물상자를 보내왔다. 아내가 갑작스러운 일로 힘들어할 때도 그녀는 경제적인 도움을 마다하지 않았다. 아무런 조건 없이 내어주기란 쉽지 않은 일인데 한결같이 대했다. 그런 그녀가 사경을 헤매고 있다는 소식을 듣고 급하게 병원으로 달려갔다.

동생의 눈가엔 눈물이 맺혀 있었다. 흔들리는 어깨를 감싸 안으며, 자주 찾아보지 못한 미안함을 전했다. 병실은 이미 적막함과 무거운 공기로 가득 차 있었다. 아들과 딸이 어둑한 병실에서 그녀 곁을 지키고 있었다. 괴로워하는 그녀의 모습을 더 보기가 힘들어 슬며시 병실 밖으로 나왔다.

따라 나온 동생이 복도 의자에 풀썩 주저앉았다. 그는 모든 게 자기 탓이라며 머리를 쥐어뜯었다. 평상시 잘해 주지 못한 것에 대해 깊은 후회가 몰려오는 듯했다. 동생의 흐느낌 소리가 병원 복도를 가득 채웠다.

지난 초여름, 고모님이 사시던 빈집을 고치던 중이었다. 멀리 사는 동생네가 여의치 않아 내가 대신 공사를 진행했다. 동생 부부가 공사 중인 집을 둘러보고는 우리 집에 들렀다. 그녀는 시댁이 우리와 가까이 있는 걸 다행으로 여겼다. 수리하는 집 실내를 편백으로 꾸미고 싶다며 들뜬 목소리로 말한다. 편백 향이 은은한 집에서의 생활을 꿈꾸는 듯 그녀의 얼굴에 화색이 돌았다.

다녀가고 며칠 지나지 않았는데 그녀가 서울 큰 병원에 입원했다는 연락을 받았다. 암이 재발했다는 기별이다. 가족의 간절함에도 아랑곳없이 나아질 기미가 보이지 않아 안타까웠다. 동생은 가끔 전화로 울음을 터트렸다. 그러던 어느 날 끝내 암울한 소식을 전해 왔다. 의사가 환자를 고향 병원으로 옮기라고 했다며 울먹였다. 그 권고를 받아들여야 하는 상황이 원망스럽다며 동생의 목소리에는 비통함이 서려 있었다. 처음 암을 이겨내고 건강해졌을 때 일을 그만두게 하지 못한 것과 쉴 수 있도록 배려하지 못한 걸 후회하는 것 같았다.

집이 가깝고 가족들을 자주 볼 수 있어서인지 그녀는 서울에 있을 때보다 상태가 조금 나아진 듯했다. 문병하는 사람을 알아본다며 동생도 안색이 밝았다. 내가 찾아갔을 때, 그녀는 자고 있었고 평온해 보였다. 그러나 말소리에 이내 눈을 떴다. 인사를 건네자 와 줘서 고맙다는 의미로 눈을 껌벅이며 미소를 띤다. 얼른 일어나 편백나무 향이 나는 따뜻한 집에서 지내길 바란다는 말을 건넸다. 그녀는 말 대신 눈빛으로 화답했다. 그녀의 투병 생활은 계속되었다.

동생에게서 다급한 전화가 온 건 내가 병문안 다녀온 지 며칠 후였다. 아내가 오늘밤을 넘기지 못할 것 같다며 말을 잇지 못했다. 다음 날, 그녀는 생의 끈을 놓아버렸다. 넉넉지 않은 형편이라 맞벌이를 하며 알뜰살뜰 가정을 꾸리던 그녀였다. 매사에 성실했으며 억척스럽게 살았다. 하지만 사랑하는 가족과 평생 일군 모든 것을 두고 떠나버렸다.

영안실에서 걸어 나오는 동생은 아들의 부축에도 비틀거렸다. 넋이 나간 것처럼 영정 앞에 붙박여 있는 걸 겨우 일으켜 세운 참이다. 그녀를 보내는 마지막 날까지 동생은 한잠도 자지 못하고 빈소를 지켰다. 고인에게 잘해 주지 못한 후회와 자책, 남은 자의 외로움이 그의 등에 서려 있었다. 반려자를 먼저 보내야 하는 심정을 어찌 짐작이나 할 수 있으랴.

이른 새벽 화장터 공기는 싸늘하다. 가족이 지켜보는 가운데 그녀가 세상에서의 마지막 길을 가고 있었다. 가족의 통곡이 그녀의 넋을 불렀는지 날씨마저 바람과 비를 몰고 다니며 흐느낀다.

따뜻한 체온과 맑은 미소를 지녔던 그녀가 한줌 재가 되어 가족의 품에 안겼다. 유골함을 안은 동생의 어깨가 풀썩 땅으로 무너져 내렸다.

빗속에서 장례는 모두 끝났다. 형식적인 절차를 거치며 우리가 알던 한 사람이 영원히 다른 세상으로 가버렸다. 떠난 자는 말이 없고 믿기지 않는 건 살아있는 자들의 몫일 뿐이었다. 그녀의 빈자리를 채울 수 있는 건 이제 세상에 존재하지 않는다는 것만이 분명했다.

내려가자는 말에 동생은 꿈쩍하지 않는다. 빗속에 차마 그녀를 두고 갈 수 없는 모양이다. 해무를 앞세운 바다는 여전히 몸부림치고 있다. 동생만큼이나 나도 집에 가는 게 두렵다. 편백 향이 그녀를 불러올까 싶어서다. 동생의 어깨가 빗물에 스러지는 걸 말없이 바라보는 동안에도 비는 그칠 기미가 없다.

애착의 시간

한때 내게 이득이 되지 않는 일에 매달려 열정을 불태운 적이 있었다. 누가 하라고 시키지도 않았고, 등을 떠밀지도 않았다. 그런데도 그 일에 자부심을 느꼈고 보람도 컸다. 지나고 보니 좋은 추억이 된 듯하다.

내가 속한 하도리는 일곱 개 동네로 이루어져 있다. 바다 역시 일곱 구역으로 구분되어 해녀들은 자신이 속한 바다에서만 작업이 가능하다. 해안 경계 관리도 동에서 자체적으로 한다. 그러다 보니 당연히 타 마을과 비교해 하나로 뭉치는 힘이 약했다. 특히 각 마을 간 시합인 체육대회 때는 다툼이 이어졌다. 여러 가지 이유로 단합된 힘을 발휘하기가 쉽지 않았다.

서울에서 직장 생활을 하다 고향에 내려와 접한 상황이 그랬다. 실망하기에 앞서 손놓고 바라볼 수만은 없다는 생각이 들었다. 당시만 해도 청년회가 이미 있었고 회장도 존재했다. 하지만 장기 집권에다 활동도 건전하지 못해 미래가 없어 보였다. 청년이 변해야 하도리의 장래가 밝겠구나 싶어 청년회를 재구성해야겠다는 결심에 이르렀다. 청년회를 구성하고 추진하려는 과정에서 잡음이 너무 많았다. 과감하게 밀고 나가자 기존 세력이 반발심을 드러냈다. 그러나 시간이 지나고 새롭게 구성된 청년회원의 모범적인 활동을 지켜보던 그들도 자연스럽게 합류하였다. 그렇게 자리를 잡고 활동하다 보니 마을 사람들에게도 인정을 받기에 이르렀다.

예전부터 있었던 '별방축구회'를 재구성한 건 청년들에게 자부심을 심어주기 위해서였다. 옆 마을 축구회는 활발한 활동을 하고 있었지만, 우리는 사기가 떨어져 있었다. 할 수 있다는 도전 의식이 필요한 시기였다. 축구회를 새롭게 조직한다고 하자 다른 마을 사람들 반응이 무덤덤했다. 축구선수 출신 하나 없는 곳이라며 얕

잡아 보는 것 같았다. 그에 기죽을 수는 없었다. 청년들을 독려해 가며 고등학교 선수들과의 연습경기로 실력을 키우는 데 힘썼다. 이런 노력을 기울이다 보니 체력과 정신력이 눈에 띄게 강해졌다.

그때만 해도 제주도는 제주시, 서귀포시, 북제주군, 남제주군, 4개 시군으로 구성돼 있었다. 위치상 별방축구회는 북제주군 시합에 나갔다. 참가하는 데 목적을 두었지만, 매번 패하자 사기가 떨어졌다. 훈련만이 길이라 여겼다. 목표를 정하고 훈련에 온 힘을 쏟았다. 결국, 북제주군 축구협회장기에서 우승을 차지했고 이를 계기로 축구회는 성장을 거듭했다. 각 지역 대회에서 저력을 과시하며 제주도에서 가장 강력한 팀이 되었다. 지금도 축구회는 활동 중이며 역대 회장으로서 마음으로나마 지원하고 있다.

생각해 보면 꿈같은 일이다. 지나간 일이라 쉽게 이야기하지만, 그때는 절박했다. 타 마을보다 뒤떨어진 실력 때문에 좌절감도 맛보았다. 그런데도 포기하지 않았다. 넉넉지 못한 주머니를 자주 털었다. 그렇게 이뤄낸 청년회와 축구회가 현재 활동하고 있으니 그것으로 만족한다. 이제는 뒷전으로 물러났지만 온 열정을 다했기에 기껍다. 그때 같이 활동했던 청년들은 사오십대가 되었는데 나를 기억해주니 또한 뿌듯하다.

지난날, 만났던 청년들과 지금 만나는 청년들은 다른 시대이긴 하지만 젊음과 패기의 아이콘이라는 건 같다. 청년들을 위해 활동할 때 기대감이 컸지만, 불안도 없잖았다. 나도 모르게 지나온 연륜을 내세워 이른바 '꼰대' 행세를 하는 경우, 그들의 반응에 대한 염려였다. 그러나 의외로 잘 따라와 주었다. 어린아이에게서도 배울 게 있다고 했듯이 오히려 그들로 인해 내 고정관념이 깨지기도 했으니 선물 같은 시간이라 아니할 수 없다.

어린 시절부터 남에게 주기를 좋아했다. 그러다 보니 아내에게 오지랖 넓다는 핀잔을 종종 들었다. 가진 것도 없으면서 베풀기만 한다는 이유였다. 아내의 불만에도 불구하고 쉽게 고쳐지지 않았다. 비록 주머니가 비더라도 누군가의 어려움을 그냥 지나치는 건 쉽지 않았다.

어떻게 생각하면 철없고 속없는 행동일 수도 있다. 그렇지만 결국에는 그 모든 게 헛되지 않았다는 걸 느낀다. 또한 누군가에게 받으면 그냥 넘기지 않고 보답해야 마음이 편했다. 내어준다는 건 의미 없는 행동이 아니다. 꼭 되돌아오지 않더라도 어떤 선의 씨앗이 될 수도 있기에 그렇다.

한 선인께서는 '선물을 주는 순간 그것은 내 것이 아니라 받은 사람의 것'이라 했다. 그 말을 늘 가슴에 넣고 살았다. 누군가를 도와줄 때 그에 대한 보답이 아닌, 도와줄 수 있는 마음의 상태를 먼저 살핀다.

어떤 일에 나섰을 때도 확실한 설계가 필요하다. 막무가내의 관심보다는 자신이 서야 할 자리를 인식한 다음 행동하는 게 좋다. 배가 고파서 힘들어하는 사람에게 먹을 것이 아닌 다른 것을 건넨다면 실질적인 도움이 안 된다. 그만큼 상대가 무엇을 원하고 있는지 알아야 한다. 사람은 나이가 들수록 추억을 먹고 산다는 말이 있다. 지금, 이 순간의 모습은 먼 훗날 어떤 그림으로 그려질지 궁금하다.

아지와 검이

꼬마 손님이 과자를 손에 들고 강아지를 부르자 짧은 꼬리를 쫄랑쫄랑 흔들며 다가온다. 그러더니 과자만 냉큼 얻어먹고 재빨리 달아난다. 같이 놀고 싶어 하는 꼬마 손님과 달아나는 아지의 숨바꼭질로 마당에 생기가 흐른다.

두 마리의 개를 키우고 있다. 검정색인 어미 '검이'는 지인으로부터 선물 받아 키운 지 10년이 넘었다. 집으로 데려온 날, 이름을 지어 주고 싶어 아내와 머리를 맞댔다. 털빛이 온통 검정이어서 특별한 의미 없이 지은 이름인데, 세월이 지날수록 입에 착착 달라붙어 부르기 좋다.

어미는 유난히 깔끔한 체를 하는 개라 제집 주위에서는 변을 보지 않는다. 배변하고 싶으면 나에게 연신 꼬리로 말을 건넨다. 재빨리 목줄을 풀어주면 깜냥껏 볼일을 해결하는 게 사람 못잖다. 오랜 세월 함께 지내다 보니, 눈만 마주쳐도 원하는 걸 알 만큼 친밀해졌다. 멀리서 놀다가도 "검아~." 하고 부르면 망설임 없이 팡팡 뛰어온다. 그러다 다시 목줄을 들이대면 눈빛에 한가득 호소를 담아 꼬리가 떨어질 듯 흔들어댄다.

조금 자라자 검이를 묶어놓을 수밖에 없었다. 어른이 다 된 커다란 검정 개가 동네를 어슬렁거리면 사람들이 두려워할 걸 염려해서다. 피차에 서로 편한 일이기도 하다. 매번 묶여 있다 목줄이 풀리면 신이 나서 동네를 돌아다녔다. 그 모습이 안타까웠다. 자유로이 돌아다니게 놓아둘 수만 있다면 얼마나 좋을까. 하지만 그럴 수 있는 여건이 아니다.

새끼 역시 마찬가지다. 성견이 되면 묶어놓을 수밖에 없다. 새는 창공을 날고, 개는 타고난 본능대로 뛰어다녀야 하건만 인간 세상은 이를 허락하지 않는다. 개의 운명이 사람의 손에 의해 결정되는 세상이니 개로서는 억울할 수도 있겠다. 그렇다고 개들이 반란을 일으키겠는가. 인간이 만들어 놓은 틀 속에서 그저 동물은 종속적일 뿐이다.

검이는 여러 차례 새끼를 낳았는데 이번에는 네 마리였다. 그 중 한 마리가 유독 허약하고, 꼬리는 기형적으로 짧았다. 튼실하지 않다 보니 욕심내는 사람도 없어 집에서 기르기로 했다. 그 녀석이 바로 '아지'다.

개의 수명은 10년에서 15년 정도라고 하니, 10년을 넘기고 있는 어미는 사람으로 치면 노년이다. 겉모습만 보아도 이미 늙수그레하다. 그런 나이에 새끼를 낳다 보니 제 딴에도 무리였던가 보다. 녀석을 바라보면 쉽게 잊히지 않는 이야기가 불쑥 떠오르곤 한다.

아지가 태어나기 바로 전해에도 검이는 네 마리의 새끼를 낳았는데 그중 한 마리가 심상치 않았다. 음식을 먹으면 칭얼대고 아파하는 게 어딘가 많이 불편해 보였다. 자세히 살펴보니 항문이 막혀 있었다. 소변과 대변을 한 곳으로 보는 바람에 개집 주변은 말이 아니었다. 낑낑거리며 배변하는 모습은 말할 수 없을 정도로 안쓰러웠다. 자라면서 막힌 항문이 뚫리지 않을까 하는 무지한 바람

때문에 어린것의 고통은 더욱 커져만 갔다.

강아지는 태어난 지 두 달쯤 되면 분양을 할 수 있다. 아픈 녀석만 남겨 놓고 모두 다른 곳으로 보냈다. 홀로 있게 되자 더 자주 우는 듯했다. 울음소리마저 크게 들린다. 일단 동물병원에 가야 해결될 것 같아 집을 나섰다. 의사는 고칠 수 없다며 시큰둥한 표정이다. 큰 병원으로 가면 인공항문 수술을 받을 수 있겠지만, 괄약근은 정상적으로 작용할 수 없다는 말을 덧붙였다. 혹시나 해서 큰 병원에 문의했지만, 역시 답변은 시원치 않았다.

딱한 노릇이다. 이대로 둔다면 더욱 고통스러운 나날을 보내야 한다며 아내는 눈물을 글썽인다. 큰 병원으로 간다면 어떻게든 방법이 있을 것도 같지만, 비용 부담을 떨치기도 어려웠다. 게다가 수술하더라도 괄약근이 제 기능을 못한다면 그것 또한 문제다. 인정에 매여 이러지도 저러지도 못하는 상태로 그냥 두는 건 생명을 더욱 고통스럽게 할 뿐이라는 생각에 마음이 편치 않다. 끝내 안락사라는 독한 결정을 하고 또다시 병원에 찾아갔다. 어린것의 젖은 눈빛과 마주하지 않으려 애썼지만, 팔에 전해오는 따뜻한 생명의 온기를 의식하지 않을 수 없다.

하얀 천에 싼 녀석을 안고 병원문을 나서는데 애잡짤한 설움이 가슴을 후려친다. 집 근처 높은 모래언덕에 정성스레 묻어주었다. 태어나면 죽는 것이 자연의 섭리라지만 제 본능대로 한번 맘껏 뛰어보지도 못하고 떠나는 생명이 애처로웠다. 저세상에서는 부디 온전한 모습으로 마음껏 자유를 누리기만을 바랐다. 내려오는데 녀석의 울음소리가 들리는 듯하다.

죽음이란 모든 생명체가 맞이해야 하는 관문이다. 그 죽음을 고통 없이 존엄하게 맞고 싶은 건 누구나 바라는 소망이 아닌가. 그 때문에 안락사를 긍정적으로 생각하는 이들도 많아졌다. 하지만 무분별한 안락사가 가져올 사회의 혼란을 염려하는 목소리도 적지 않다. 이러한 논쟁은 존엄한 죽음을 맞는다는 게 얼마나 어려운 일인가를 말해준다.

그 일이 있고 몇 개월 뒤, 검이는 다시 여러 마리의 새끼를 낳았다. 아지는 비록 온전한 상태로 세상에 나오지 못했지만, 탈 없이 자라주니 미쁘다. 어렸을 때의 허약함은 사라지고 나날이 살도 오른다. 오가는 손님들에게 귀여움을 받아선지 재롱도 늘고 총명함도 갖추었다. 행복한 모습을 볼 때마다 이름 없이 떠난 녀석이 가슴에 얹힌다. 녀석의 고통을 덜어 주고 싶어 한 일이 결국 내 마음 편하기 위한 게 아니었는지…. 그 녀석이 마음에서 쉽게 떠나지 않는다.

갑자기 마당에서 울음소리가 들렸다. 내다보니 바깥채에 투숙하는 꼬마 손님이 훌쩍거린다. 마당을 뛰어다니다가 넘어진 모양이다. 우는 아이를 달래던 엄마가 안으로 들어갔다 다시 나오더니, 강아지를 부른다. 그녀의 손에 치킨 한 조각이 들려있다.

"아지야, 예쁘지! 우리 아기와 좀 놀아 주렴!" 치킨을 바라보는 녀석의 눈이 초롱초롱 빛난다. 꼭 밤하늘의 별 같다.

바다의 변주곡

바다가 돌변했다. 성난 파도가 하얀 거품을 토해낸다. 억누르고 있던 화를 뿜어내듯 거침없이 엉키고 달려든다. 바위를 부수어 버릴 듯 인정사정없다. 한낱 평평하던 물의 알갱이들이 수평을 거스른 채 수직으로 몸을 세운다. 꼿꼿하고 팽팽하게 일어선 물이 화살처럼 허공을 뚫고 솟구친다. 거대한 물기둥은 포효하는 짐승 같다. 금방이라도 모든 걸 삼켜버릴 기세다.

바위는 몸을 낮춘다. 대항할 수 없을 때 어찌해야 하는지를 알고 있듯 묵묵히 버틴다. 파도가 할퀸 몸에는 검은 길이 수천 갈래다. 상처가 아물고 덧나기를 반복하는 사이 짠 기운은 화석으로 남는다.

어제까지만 해도 바다는 잔잔했다. 특히 아침에는 세상의 모든 것을 다 품을 듯한 아늑함과 평화로움이 깃들어 있었다. 파도가 일렁일 때는 메밀꽃 핀 들판 같기도 했고, 벚꽃 이파리 휘날리는 꽃그늘도 같았다. 동그란 물의 입자들은 속살거리며 반짝였다. 미풍은 물결의 오선지를 달리고 음표는 그리움과 낭만을 노래했다. 가만 보기만 해도 가슴속으로 밀려와 파란 물감을 부려놓았다. 하지만 그 안에 성난 울음을 담고 있었던 것일까.

빛의 밝기에 따라 순간순간 변하는 물의 풍경을 화폭에 담았던 클로드 모네(Claude Monet)의 그림처럼 때로 신비로웠다. 새벽과 해 질 녘에는 붉은빛의 성전을 떠올리게 했다. 한낮의 태양 빛을 머금었을 때는 또 어떤가. 빛의 경계를 허물어버린 원초적인 흰색은 눈부심의 한계를 뛰어넘는다. 그렇게 자신의 존재를 증명하려는 듯 바다는 수시로 얼굴을 바꿨다.

파도가 잔잔해진 뒤 바위는 비로소 고개를 들고 주위를 살핀다. 악몽의 시간을 보냈지만, 상처를 돌아보며 삶의 의지를 다진다. 자신을 다스릴 줄 아는 지혜를 터득한 것일까. 아니, 그건 바다가 가르쳐준 교훈일지도 모른다. 긴장할 필요도, 경계할 필요도 없는 삶은 정체되기 마련이다. 입체적이 아닌 평면적인 삶은 고루하다.

인생도 파도와 바위처럼 다양한 변주곡으로 다가온다. 뜻하지 않은 불행 앞에 내쳐지기도 하고 어둠 속에서 빛을 발견할 때도 있다. 때로는 죽음의 경계를 넘나들기도, 좌절 앞에서 한 줄기 희망을 찾기도 한다. 내게도 그런 시간이 있었다.

가끔 생각 없이 목덜미를 만지다가 흉터 때문에 깜짝 놀라곤 한다. 수없이 해가 바뀌었음에도 흉터는 익숙해지지 않는다. 겉으로 만져지는 이질적인 감각 때문이 아니라, 당시에 느꼈던 서늘한 기운이 등골을 오싹하게 하는 것이다. 지금은 목을 드러내놓는 것에 익숙해졌지만 한때는 흉터를 감추고 다녔다. 남들이 뜨악한 표정으로 바라보는 게 싫어서였다. 늘 목이 긴 옷을 입었다. 그러다 보니 윗옷을 벗었을 때 차가운 바람이 목에 스치면 오싹 소름이 돋았다.

45년 전 군 복무를 하던 시절, 총기의 결함으로 총상을 입는 사고를 당했다. 부대가 발칵 뒤집힐 정도의 큰 사고였다. 총알이 목을 꿰뚫고 지나간 바람에 정신을 잃고 말았다. 의식이 없는 상태로 국군수도통합병원으로 실려 갔다. 며칠이 지난 뒤에야 혼수상태에서 깨어났지만, 뭔가 잘못되었다는 생각이 들었다.

움직일 수가 없었다. 목을 다치는 바람에 신경이 손상되었다고 했다. 꼼짝없이 누워서 지내야 하는 신세가 되고 보니 인생이 끝났다는 좌절에 휩싸였다. 아무것도 할 수 없음을 한탄하며 울부짖었다. 놀라서 달려온 어머니의 통곡이 가슴을 저몄다. 망가진 아들을 봐야 했을 당시 어머니의 마음이 어땠을까 생각하면 지금도 가슴이 얼얼하다. 어머니는 나를 일으켜 세우기 위해 안간힘을 썼다. 어머니의 간절한 소망에 힘입어 한동안 포기했던 마음을 접고 적극적으로 물리치료를 받기에 이르렀다.

뼈를 깎는 고통이 이어졌다. 그러나 차츰 움직일 수 있게 되자 걷고야 말겠다는 의지가 타올랐다. 살고 싶다는 절박한 심정은 내 안에 있던 안간힘을 끌어올렸다. 걸을 수 있게 되기까지 좌절과 고통에서 헤매던 시간이 기억 속에 퇴적물처럼 쌓였다. 전역 후에도 왼쪽 팔이 자유롭지 못했다. 팔의 불편을 느낄 때마다 끝을 알 수 없는 슬픔 속으로 곤두박질쳤다. 수없이 받아들이는 연습만이 길이었다.

오랜 시간이 흐른 지금은 큰 불편함 없이 팔을 사용하고 있다. 총상 사고를 통해 인생의 파도와 맞서는 법을 배운 셈이다. 고난은 예고 없이 찾아온다. 그대로 주저앉을 것인지, 자신의 힘을 기를 것인지는 각자의 몫이다. 돌이켜 생각해보면 진지하고 절박했던 그때가 삶의 전환점이었다.

파도에 온몸을 내어주지만, 바위는 쓰러지지 않는다. 사람도 시련 앞에 비틀거리지만 꿋꿋하게 견뎌내고 나면 생의 진리를 깨닫는다. 몸과 마음으로 터득하기까지 삶은 대충 살아지는 게 아니라는 걸 알게 한다.

잔잔해진 바다 위로 삽상한 바람이 분다. 햇살은 물방울과의 유희를 즐기고 시나브로 바다는 순한 빛으로 물들어간다.

종달오름

마당에 서서 지미봉을 바라본다. 주변을 아우르며 호수와 너른 평야를 품고 있는 형상이 수호신 같다. 푸른빛 바다와 손을 맞잡고 형형색색의 마을을 거느린 품이 듬직하기 이를 데 없다. 세월의 흐름에도 아랑곳없이 사철 옷만 바꿔입을 뿐 그 모습 그대로 낫낫하다.

오랜만에 지미봉의 품안에 안기고 싶어 집을 나선다. 가까이에 있어도 바쁜 일에 치여 자주 찾지 못했다. 걸은 지 얼마 되지 않았는데도 이마에 땀이 맺힌다. 걷는 것도 습관처럼 해야 몸에 길이 드는데 그동안 팔다리에 녹이 슬었나 보다.

지미봉에 오르기 위해 비탈진 능선에 들어선다. 키 작은 잡목과 들꽃이 지천이다. 다른 때 같으면 천천히 들여다보며 말이라도 붙여보련만 지금은 그럴 만한 여유가 없다. 숨이 차니 몸부터 추스르게 된다. 팍팍한 다리를 달래며 한발 한발 걸음을 옮긴다. 쉬었다 걷기를 반복한다. 정상이 가까워지자 바람이 사납다. 세력을 거느린 바람이 분화구 주변을 거세게 훑고 지나간다. 지미봉이 바람을 불러들인 것인지, 바람이 분화구로 몰려온 것인지 알 수 없다. 어쩌면 분화구에는 태초 이전부터 바람이 살고 있었는지도 모르겠다.

예전에는 지미봉을 '종달오름'이라 불렀다. 종달리에 속해 있었기에 붙여진 이름이다. 그때는 모든 오름이 민둥산인 줄 알았다. 지금은 잡목으로 우거져 사뭇 다른 느낌이다. 민둥산이었을 때 바라본 지미봉의 능선은 새침한 여인의 허리처럼 부드럽고 완만했다. 생명이 많아진 지금은 품이 넓은 시골 아낙네인 양 수더분하다.

오름을 바라보고 있으면 휘돌아나가던 바람 소리가 들린다.

어렸을 적부터 지금에 이르기까지 순간순간의 삶들이 휙휙 지나간다. 소용돌이치는 물결처럼 바람에 실려 가고 실려 온 온갖 날들이 투영된다. 그동안 겪었던 희로애락이 바람 속에서 물결무늬처럼 출렁인다.

민둥산의 추억으로 남은 중학생 시절로 돌아가 본다. 학교에 가기 싫으면 친구들과 자주 찾았던 곳이 지미봉이다. 온종일 오름에서 놀다가 해 질 녘이 돼서야 집으로 돌아왔다. 그때만 해도 오름의 형태는 평평하고 밋밋했다. 그 때문에 오름 중턱에는 소와 말이 방목되어 있었다.

이상하리만치 산불이 잦을 때였다. 자연적인 화재가 아니라 누군가 일부러 불을 낸 게 아닐까 짐작할 수 있는 일이었다. 소나 말을 방목하려면 초지가 무성해야 하니 그런 일이 있을 법도 했다. 잦은 화재는 나무의 생장을 방해하는 요인으로 작용했다. 민둥산일 수밖에 없었던 이유가 아닐까 싶다. 그 시절엔 소방 상황이 좋지 않았으니 불을 끄는 건 동네 사람들 몫이었다.

오름은 설문대할망이 제주도와 육지 사이에 다리를 놓으려고 치마폭에 흙을 담아 나를 때 틈새로 떨어진 흙더미라는 전설이 있다. 제주인의 삶을 이야기할 때 돌하르방과 함께 빼놓을 수 없는 제주의 상징이기도 하다.

또한, 민속신앙의 터로 신성시되기도 했다. 지금도 곳곳에는 마을 사람들이 제를 지내던 터와 당堂의 흔적이 남아 있다. 제주인의 생활 근거지로 촌락의 모태가 된 오름, 사람들은 기슭에 터를 잡고 화전을 일구며 밭농사와 목축업을 했다. 초가지붕을 덮었던 새(띠)를 구하기도 쉬웠다. 오름은 제주인에게는 죽어서 돌아갈 영혼의 안식처와 같다. 그러나 지금은 경작지의 확대와 도로 건설 등으로 인해 많이 훼손되었다.

지미봉은 여름 일출이 특히 아름답다. 한여름 새벽 지미봉 정상에 서면 빛의 아우라에 빠진다. 성산과 우도 사이, 바다 가운데로 떠오르는 태양을 보고 있으면 그 장엄함에 압도당하고 만다. 물론 가을이나 겨울에도 찬란한 광휘는 여전하다. 바다라는 배경이 붉은 태양의 탄생을 도와 장관을 일으킨 것이다. 오름은 다른 지방의 산과는 사뭇 다른 개성으로 존재한다. 제주를 가슴으로 느끼려면 오름의 바람과 햇살, 땅의 기운을 체험해 봐야 진정으로 알 수 있다. 제주인의 강한 의지는 오름에서 비롯되었다.

삶을 이야기하려면 어머니를 빼놓을 수 없다. 오름과 어머니는 같은 품을 가진 것처럼 닮아있다. 많은 이들이 오르고 또 오르는 이유는 오름이 곧 삶이라 생각해서다. 질곡의 생을 묵묵히 견디며 살아가는 사람들, 그들의 이야기가 돌고 돌며 잇고 이어지는 게 역사다. 오름을 오르내리는 많은 발자국에도 삶은 담겨있고 이어진다. 사실 오름에서는 오름을 볼 수 없다. 빗겨나야만 보인다. 우리의 삶도 중심에서는 전체를 볼 수 없다. 변방에 서야 본질을 헤아릴 수 있다.

오름에는 잔디와 억새, 수많은 꽃과 나무들이 다투어 자란다. 그리고 사방으로 트인 전망이 숨을 편하게 한다. 얽매임을 풀어버리고 자유로움을 만끽할 수 있는 쉼을 얻는다. 멀리서 보면 그저 한 덩어리의 산이지만, 속살을 들여다보면 생의 신비로움이 깃들어 있다. 작은 꽃 하나, 군락을 이룬 잡초, 깜냥껏 휘어지고 굽은 나무의 생존방식에서 여유와 배려를 배운다.

멀지 않은 곳에 마음을 풀어놓을 산이 있다는 건 축복이다. 살아온 날들과 살아갈 날들을 가늠하며 오름을 오를 때 마음이 저절로 순화된다. 무엇보다도 어린 시절의 추억이 동행하니 그보다 정다운 게 어디 있으랴. 다리는 뻐근하지만, 늡늡한 기운에 휩싸여 내리막길로 들어선다. 나지막한 휘파람 소리가 등을 민다.

아내의 숨비소리

갯바위에 앉아 바다를 바라본다. 물결은 잔잔하다. 바다와 숨바꼭질이라도 하는 듯 물결 사이로 아내의 모습이 잠겼다 떠올랐다 한다. 노란 테왁에 의지한 채 연신 물속을 살핀다. 드디어 입수할 곳을 찾았는지 순식간에 바닷속으로 들어간다. 한참 후에야 수면 위로 올라와 긴 숨을 몰아쉰다. 숨비소리에 내 숨도 가빠진다. 아내가 잠수하는 동안 숨을 참아봤지만, 나오기도 전에 숨은 먼저 터지고 만다. 숨을 참는 게 얼마나 힘든 일인 줄 매번 실감한다.

그러니 해녀인 아내가 걱정되고 안쓰럽다.

달리 말하면 소중함에 대한 새로운 인식이다. 진정으로 소중한 게 무엇인지 간과하고 살았던 것에 대한 때늦은 반성이기도 하다. 일상적이고 당연하다는 생각에 오히려 소홀했던 그때의 어리석음에 대해 생각한다. 정말 그랬다. 주위의 사람이나 사물들보다 손에 잡히지 않는 것에 매달린 때가 있었다. 원대한 꿈을 좇는답시고 공기처럼 늘 존재하는 것들을 가벼이 여겼다. 그러다가 어떤 계기로 인해 비로소 곁에 있는 사람이 얼마나 소중한지를 깨달았다.

10여 년 전 교도소에 수감된 적이 있다. 갇힌 몸이 되어서야 뒤죽박죽 엉켜 있는 감정들을 헤아리는 기회를 맞았다. 그동안 중요치 않다고 밀쳐두었던 생각들을 정리하던 날, 어떤 감정 하나가 화살이 되어 가슴에 꽂혔다. 누군가에 대한 간절함이 사무치던 날이었다.

사실, 몸이 자유로웠을 때는 나를 우선으로 생각했다. 모든 일의 기준이고 중심이었으며 몸체였다. 그리고 그걸 당연하게 생각했다. 어쩌면 나만의 생각에 갇혀 주위를 돌아볼 여유가 없었는지도 모른다. 발목이 묶여서야 사소하게 흘러버렸던 일들을 떠올렸다. 어찌 생각하면 다행인지도 모르겠다. 갇혀 지낸 시간이 없었더라면 아직도 이기적인 생각에 매여 있었을지도 모르니 말이다.

소중함을 깨닫는다는 건 마음이 열린다는 의미다. 그건 고마움으로 이어지는 동기가 되며 상대에 대한 새로운 감정이입을 전제한다. 감정은 들여다보지 않으면 고인 물처럼 정체되기 쉽다. 갇혀 지내는 시간이 길어질수록 평소 소홀히 대했던 일들이 부끄러움으로 다가왔다. 그동안 아내는 얼마나 서운했을까. 생각해 보면 해야 할 말을 쓸데없이 아끼고 살았다.

마음의 상처를 낫게 하는 것에도 유효기간이 있다는 걸 알겠다. 의도치 않아도 뜻하지 않게 주변의 누군가에게 상처를 줄 수 있다. 어떤 이유에서든 상대에게 상처를 줬다면 곧바로 치유할 수 있게 도와야 한다. 빠른 대처는 상처받은 이에게 가장 좋은 약이다. 상처를 입었을 때 바로 약을 바르면 흉도 안 지고 곧 새살이 돋아나지만 내버려 두면 염증이 생기고 깊은 흉터로 남을 수도 있다.

아내의 마음에 상처가 생긴 줄도 몰랐다. 그저 아내는 모든 걸 이해해주는 사람으로만 생각했다. 마냥 웃어주는 사람, 언제나 변치 않고 늘 곁에 있어 줄 사람이라 여겼다. 그 사람의 가슴속에 조금씩 쌓여가는 서운함과 아픔을 전혀 모른 채 지나온 날들이었다. 간힘으로 비로소 뒤를 돌아보고 아내의 심정을 헤아리는 데 늡늡해졌다.

그 사람이면 이해해 줄 거라는 안일한 생각을 버려야 할 때가 된 것 같다. 다른 사람들과의 약속에서는 조금만 늦어도 미안해했는데 가까운 아내에게는 그러지 못했다. 아내라면 모든 걸 이해해 주겠지 하는 자만에 빠진 것도 몰랐다. 그러다가 절실히 필요한 순간에만 아내의 존재를 확인할 정도로 무심했다.

아무리 가까운 사이일지라도 상대방의 입장을 헤아려야 한다. 그렇게 서로를 이해한다면 가슴에 응어리진 아픔은 줄어든다. 아내에게 직접 대놓고 고백하지는 못하지만, 행동으로 보여줄 날이 있으리라 믿는다. 그래서 사람은 명상의 시간이 필요한 것인지도 모르겠다. 아내의 한결같음이 돌처럼 딱딱하던 내 마음을 유연하게 만들어 놓았다.

지난날의 기억을 더듬는 사이 아내가 갯바위를 향해 다가오고 있다. 자신을 기다리는 사람이 있다는 것에 기운이 솟는지 힘차게 물살을 가른다. 전에는 없던 일이었으니 아내 입장에서는 기운이 나는 것 같다. 소소한 일상에 행복해하는 모습, 별것 아닌데도 그걸 모르고 살았다. 이런 순간을 여태껏 기다려준 아내가 내게는 한없이 소중하다.

어느새 갯바위에 다다른 그녀가 함박웃음을 짓는다. 마음이 편안해진다. 테왁 망사리를 끌어올리는 손에 힘이 생긴다. 뭍으로 올라온 아내는 숨찬 시간을 기억하려는 듯 바다를 바라본다. 또 하나의 고개를 넘은 것처럼 마음이 벅찬 모양이다. 소중함이란 사소한 일상에 있다는 걸 아내에게서 배운다.

제5부

색을 잃어버린 계절

상상의 방정식

속이 편치 않다. 소화는 생각지 않고 과식을 한 탓이다. 게다가 며칠째 책 읽기에 몰두했더니 눈까지 불편하다. 매일 가장 중요하게 생각하는 점이 책 읽기라서 손에 들고 지냈다. 담 밖에 있을 때는 책을 펼치면 끝까지 읽기가 힘들었다. 주위가 번잡했고, 할 일은 쌓여 있었으며 조용하게 지낼 만한 환경이 아니었던 탓이다. 하지만 이곳에선 가까이하기 좋은 게 책이다. 그래서 더욱 욕심을 내곤 하지만 집중하기가 쉽지 않다. 누가 뭐라고 하진 않아도, 눈치가 보이는 건 어쩔 수 없다. 그렇더라도 좋은 기회로 여겨 책을 자주 펼친다.

좀더 일찍 책과 친해지지 못한 걸 후회하기도 했다. 그 때문에 더욱더 책에 빠져들게 되었다. 갇힌 몸이라 뭔가에 의지하고 싶은 마음이 더해졌는지도 모르겠다. 이제라도 책 읽기에 몰두하게 된 건 다행이다. 삶에 새 지평을 열어줄 다양한 책들을 탐독하겠다고 종종 마음을 가다듬는다. 책장을 빼곡히 채우고 종이가 닳도록 넘기고 싶은 욕구가 불같이 일어난다. 이토록 지식에 갈증을 느끼며 살아본 적이 있었던가.

독서는 마음이 움직이고 그에 따라 생각이 다양하게 변하니 여행과 비슷하다. 어느 곳으로 향할지는 여행자의 몫이고 장소는 무한히 펼쳐져 있다. 자신이 원하는 책을 집어 들기만 하면 되니 번거로운 것도 없다.

활자로 이어지는 길을 따라가다 보면 어느새 도착한 그곳에서 새로운 길을 만날 수도 있다. 책 속의 길은 여행자의 태도에 따라 달라진다. 어떤 생각을 하든, 어느 곳을 가든 자유다. 길은 끝없이 이어지기도 하고, 단절되기도 한다. 그 또한, 여행자가 정하기 나름이다. 너덜겅 길을 갈 수도 탄탄대로를 갈 수도 있다. 쉬기도 하고 때론 뛰기도 하면서 보폭에 맞추면 된다. 삶의 진리는 찾는 자에게 길을 열어줄 것이며 마음을 닫는 자에게는 손을 내밀지 않을 것이다.

책장을 덮고 나서야 진짜 여행이 시작된다. 자신의 깨달음을 통해 더 풍부한 사유도 얻을 수 있다. 끝내지 않는 한 끝없이 이어진다. 세상을 향해 나아가는 여행이기에 가능하다. 나의 내면세계와 만날 수도 있고, 나를 둘러싸고 있는 세계와 만날 수도 있다. 한 가지 분명한 것은 의식 속에서 두 세계가 연결된다는 것이다.

책을 통해 다양한 세계를 여행하는 자유를 만끽할 수 있다니 얼마나 멋진 일인가. 이러한 사실을 벽에 갇히게 된 후에야 알았다. 늦은 깨우침이기에 더 빨리 더 멀리 나가고 싶은 마음이 앞선다. 여행은 끝이 없기에 조바심을 거두려 한다. 아직 탐구할 수 있는 세계는 무한대이고 시간은 한정적이기에 그것만이 아쉬움으로 남는다.

우리는 무엇을 하다가 막히거나 답답함을 느낄 때 여행을 떠난다. 여행을 통해서 낯선 지역, 낯선 관습, 낯선 사람을 체험한다. 그러는 동안 경험과 인식의 지평을 넓히고 삶과 존재에 새로운 의미를 부여한다. 독서는 간접적인 경험을 통해서 일궈내는 성과

다. 그 폭과 깊이에서 그리고 그 수준과 지속성에서 여행을 훨씬 넘어설 때도 있다. 미지의 세계를 속속들이 들여다본다. 다음 문장엔 무엇이 기다릴까. 다음 장엔 어떤 내용이 있을까. 담요를 뒤집어쓰고서라도 읽고 싶을 때는 작은 손전등 하나가 아쉽다.

여행은 주로 지각적 경험에 의존하지만, 독서는 상상력의 힘으로 다른 세상을 접한다. 그렇다고 그 자체에 한정되지 않는다. 만남을 통해 우리를 창조적인 세계로 이끌어 준다. 책을 읽는 동안 망상에서 멀어진다. 편안한 마음과 푸짐한 여유를 선사한다. 책과의 사랑에 빠진 이후 마음이 더없이 평온하다. 책을 통해 과거의 세상과 만나고 현재를 연결하고 미래를 꿈꾼다. 눈이 불편한데도 책장을 넘기는 손은 가볍다.

시간의 빛깔

자유의 몸이 되면 무엇부터 할까 매일 생각한다. 가장 우선순위는 나를 도와준 사람들에 대한 보답이다. 그들을 만나 이곳에서의 생활을 이야기하며 나의 본모습을 보이고 싶다. 그들과 거짓 없는 이야기를 나누다 보면 지난날의 고통도 물보라처럼 부서지리라.

이곳에서도 밖에서처럼 즐거운 일, 괴로운 일, 안타까운 일을 매일 겪는다. 그러나 순간순간 내가 느끼는 시간의 빛깔은 다르다. 어떤 건 마음에 씨앗을 내려 꽃을 피우는가 하면, 어떤 건 가슴에 시퍼런 멍을 남긴다. 모두 시간이 한 일이다. 시간은 온갖 일들을 아름답게 채색하기도, 아프게 담금질하기도 한다. 그런 시간을 되돌아보며 미소 지을 여유가 오긴 올 것인가.

시간의 빛깔은 시간 스스로 채우는 것인가, 아니면 시간이 처음부터 빛깔을 가지고 있는 것일까. 철학적인 질문들이 머리를 가득 메운다. 내가 채우는 시간은 후에 어떤 색으로 추억될까. 그들과 함께한 시간은 날마다 가치 있었다고 당당하게 말할 수 있으면 좋겠다.

아무리 힘든 시간도 끝이라는 게 있다. 또한 시간은 누구에게나 공평하게 흐른다. 이 지구를 중력이 지배하는 한, 시간은 인종과 국경을 망라한다. 대륙을 지배하던 진시황도 끝나지 않을 듯했던 독재자도 결국 시간을 거스를 순 없었다. 시간과 타협하지 못하고 조급한 것은 우둔함으로 인한 것일 뿐 시간을 탓할 순 없는 노릇이다.

이럴 때면 다시 일기일회를 펼쳐 나의 정신에 회초리를 들이댄다. "삶에서 가장 신비한 일은 지금, 이 순간 우리가 이렇게 살아 있다는 사실이다. 왜냐하면 모든 것은 생애 단 한 번의 인연일 수밖에 없어서다." 복잡하던 마음이 스님의 말씀으로 정리된다. 이곳에 있는 것도, 만나는 사람들도 다 인연이라 생각하면 소중하지 않을 게 없다. 어떤 곳이든 살아있다면 그 자체로 생은 아름답다.

어느 한곳을 기웃거리지 말고 오로지 나의 모습대로 기다리는 수밖에 없다. 도와주려고 애쓰는 사람들을 생각하면 매일 도를 닦는 심정이다. 그들을 생각해서라도 힘을 내야 한다. 다리에 힘이 풀려 주저앉고 싶을 때도 소중한 인연을 생각한다. 느긋한 마음, 넓은 마음, 당당한 자세로 시간의 빛깔에 밝은색을 보태련다. 메마른 대지를 뚫고 희망의 색을 피워낸 민들레도 있는데, 사람인 내가 버텨내지 못할 시련이 어디 있으랴.

나는 살아 있다. 이렇게도 생생하게 미래를 꿈꾸며 희망을 품는다. 땅에 뿌리를 박은 나무처럼 버텨보자. 숨을 크게 들이마시자 삽상한 밤공기가 몸의 기를 다독인다. 고마운 이들의 이름을 불러본다. 모두가 다른 얼굴이지만 가슴에 희망 꽃을 피우게 한 사람들이다.

오늘같이 이렇게 마음이 약해지는 날에는 사람이 최고다. 사람의 인정이 이곳 교도소에서는 더욱 빛을 발한다. 사는 건 때로 누군가에게 어깨를 기대는 일이다.

앞질러가기

일을 앞에 두면 나는 불도저가 된다. 미적지근함을 참지 못하는 성격이라 온 열정을 쏟아내 버린다. 나름으로는 최선을 다하는 거라 자부하는데 주관적인 입장이긴 하다. 나만으로는 부족해 관련된 사람들을 몰아치기도 한다. 그러다 보니 볼멘소리를 들을 때도 있다. 하지만 예측했던 결과 앞에서는 누구도 군말 없이 따라온다.

쉬지 않고 밀어붙이는 추진력과 실행력이 장점이라고 자부하며 살아왔다. 승승장구할 때면 우쭐대기도 했다. 그때는 손만 대면

뭐든지 할 수 있다는 자신감과 오만함으로 뭉쳐 있었다. 지금 생각하면 부끄럽지만, 그 모습이 자랑스러워서 훈장처럼 여겼다. 그렇지만 이 모든 게 무슨 소용이 있겠는가. 지금은 교도소에 갇혀 지내는 몸이 아닌가.

최선을 다하지 않고 적당하게 일을 처리하면 찜찜함이 사라지지 않았다. 일에 대한 강박관념 같은 것이었는지도 모르겠다. 좋은 결과를 얻어내고야 말리란 일념으로 치열하게 살아왔다. 최선과 최고라는 선택지를 위해 끊임없이 달려오면서 무엇을 잃었는지 되돌아보지 않았다. 옳고 그름도 따질 겨를도 없었다. 눈앞에 있는 저 고지를 향해 전력투구하며 달려야 할 상황이라 생각하며 앞만 보며 달렸다.

주변의 풍경도 함께하는 이들의 얼굴도 살피지 않고 혼자 100m 달리기를 해온 셈이다. 삶이 결국 팀플레이라는 걸 망각한 독주였으며 그것은 독선이었다. 그리고 고집일 수도 있다. 그렇게 앞만 보며 살아온 인생에서 이제야 주변 풍경을 보게 된다. 후회는 언제나 뭔가를 놓쳐버린 후에야 찾아온다. 진즉 알았다면 좋았을 텐데 그러지 못했다. 후회가 무의미하다는 걸 알면서도 자괴감을 감출 수 없다. 깨달음과 성장은 아픔을 동반한다. 그래서 성장통이란 말이 있는 거겠지.

그때는 다른 사람들도 그런 방식으로 살아가는 줄로만 여겼다. 심지어 최선을 다해 살아가는 사람과 그렇지 않은 사람을 구분하기도 했다. 최선을 다하지 않으면 인간의 품위에 어긋난다는 편견을 가졌다. 한마디로 말해 최선을 다하는 것만이 인간의 한계를 극복하고 삶을 영원하게 만드는 유일한 방법이라고 굳게 믿었다. 그에 걸맞게 행동하려고 애를 썼다. 그러나 인간은 기계가 아니었다. 몰아친다고 모든 게 해결되지도 않았다. 예전에 행했던 방법이 과연 올바른 것이었을까.

사실 최선을 다한다는 것은 극히 당연하다. 무슨 일이든 좋은 쪽으로 가게 하려면 최선의 노력이 있어야 하지 않겠는가. 그러나 요즘 담 안에서 이 말에 대해서 다시 진지하게 생각한다. 우리가 살아가는 데 항상 최선을 다한다는 것은 가능하지 않다. 때로는 바람직한 게 아닐지도 모른다. 그런 의구심이 든다.

그리고 그 생각을 찬찬히 해부해 본다. 왜 최선을 다하려 했는가. 혹시 그것이 이기심은 아닌지 물어본다. 누구를 위한 최선이었고, 무엇을 위한 최선이었는지, 왜 이걸 해야 하는지 고민에 잠긴다. 좀처럼 답이 나오지 않겠지만 어쨌든 답을 얻고 싶다. 이 질문과 답은 오로지 나만이 할 수 있다는 생각에서다.

행색이 남루하다고 사람조차 남루할 순 없다. 나에게 다시 묻는다. 이것은 주어진 의무이자 숙제다. 이곳을 나가고 말고의 문제가 아니다. 앞으로의 나를 만드는 과정이다. 그리고 살아갈 날들을 채워가기 위해 껍데기만 남은 자아를 살핀다. 이 과정이 없다면 존재도 있을 수 없다. 그런 마음가짐으로 기록에 남긴다.

어떤 사람이 항상 일에 최선을 다한다고 해서 자신에게 반드시 바람직한 것도 아니다. 물론 그런 사람은 훌륭한 업적을 남길 수도 있고 한동안 다른 사람들로부터 존경을 받을 수도 있다. 하지만 이러한 상태를 유지하기 위해서는 정신적으로나 육체적으로나 고달픔을 감수해야 한다.

그때는 몰랐던 삶의 이치가 이제 보이는 걸 보면 휴식이 필요했나 보다. 비로소 나를 톺아보는 시간이 점점 길어진다.

기다림에 대하여

매일 청각이 예민해지는 시간이 있다. 혹여 날 부르는 소리를 놓치기라도 할까 봐 문 쪽으로 쫑긋 귀를 세운다. 누구를 기다리는 심정은 다 이런 것일까. 기다린다는 것, 그 행위가 사람에게 얼마나 간절한 것인지를 알게 된다.

갇혀 있다는 건 누군가에게로 갈 수 없다는 의미다. 그러니 상대방이 내게로 와 주어야 한다. 와 주지 않으면 만날 수 없고, 시간을 나눠 가질 수도 없다. 능동적이지 못하고 수동적일 수밖에 없는 기다림이다. 밖에서 별로 가까이 지내지 않던 사람이라도 여기에서 본다면 반가울 것 같다. 그만큼 사람이 그립다.

하루가 시작되면 오늘은 누군가 찾아오지 않을까 하는 기대를 가슴에 품는다. 찾아올 사람이 전혀 없는데도 혹시나 하는 마음이 가시지 않는다. 특히 지금처럼 사방이 벽으로 둘러싸인 공간에서 끊임없이 감시당하는 생활을 하다 보면, 누군가의 방문이 더욱 간절하다.

교도관이 호출하는 소리가 들리면 고개를 들고 쳐다보게 된다. 소리에 집중하는 표정이 꼭 미어캣을 닮았다. 보통 오전 열 시가 되면 교도관이 면회할 사람을 호출하는데 오늘은 아직 소식이 없다. 항상 오는 시간에 찾아오는 사람이 없으면 마음 한구석에 찬바람이 인다.

한편으로는 이러면 안 된다는 생각도 든다. 외로움에 지치다 보니 모든 우선순위가 나에게로 집중되는 것 같아서다. 상대방의 입장이나 처지보다 내 감정과 외로움이 더 다급하다. 상상도 끝없이 가지를 친다. 면회 올 사람이 못 올 때는 그만한 이유가 있을 텐데 때론 섭섭함으로 흐른다.

아무리 가까운 사람이라 해도 막다른 골목에 서 있으면 상대방의 입장에 서기는 쉽지 않나 보다. 이기적인 사람이 되는 건 순간에 의해서다. 더욱이 환경은 사람의 감정까지 변화시킨다. 만일 자유의 몸이라면 누군가를 기다리기보다 찾아갔을 것이다. 평소 기다리는 걸 못 참는 성격이니 더욱더 그렇다.

결국, 정리되지 않은 마음을 찬찬히 들여다본다. 실망을 떨쳐내고 상대방의 상황을 생각해 본다. 내가 중심인 세상에서 그 중심을 타인으로 돌리는 것, 그러면 상대방의 마음을 이해할 수도 있으리라. 이곳에 온 지도 꽤 지났으니 지금쯤이면 그런 일에 익숙해져야 하지 않을까 반성한다.

11시부터 점심까지는 독서 시간이다. 책을 읽거나 조용하게 보내야 한다. 이 시간에는 목욕은 물론 빨래도 금하고 있다. 독서 시간으로 정해져 있으니 다른 행위는 할 수 없다. 오히려 내게는 꼭 필요해서 긴요하게 쓰고 있다. 아무도 방해하지 않으니 좋다.

나른한 기분이 되어 독서라는 강에 몸을 담근다. 발을 살짝 담갔다가 천천히 온몸을 강물에 가라앉힌다. 어느샌가 독서라는 무한한 흐름에서 끊임없이 헤엄친다. 점심시간을 알리는 소리가 들려오기 전까지는 의식의 흐름을 따라갈 수 있다. 하루 중 가장 소중한 시간이다.

독방으로 전방 온 지 벌써 나흘째다. 시간이 빠르게 지나고 있다. 월요일이면 금방 주말이 기다리고 있고, 주말이다 싶으면 금세 월요일이 시작된다. 가만히 앉아 있으면 시간이 더디 지난다. 무엇이든지 지루함을 이길 수 있는 일이 필요하다. 그래야 무의미함의 수렁에 빠지지 않는다.

어차피 피할 수 없는 상황이다. 즐거운 마음으로 지낸다는 건 쉽지 않겠지만 그래도 노력은 필요하지 않겠는가. 후회 없이 즐길 수 있는 상황을 스스로 만들어야 한다. 그게 내게 주어진 과제다. 스스로 어찌하지 못하는 현실 앞에서 맹목적인 행동만을 반복할 수는 없다. 어쩌면 이렇게 혼자 지내는 시간이 앞으로는 없을지도 모른다. 특별한 기회라 생각하면 오히려 소중하다.

무엇보다도 사람에 대해 생각하게 된다. 이곳에 있으면서 가장 감동으로 다가오는 건 도움을 받고 있다는 사실이다. 평소에는 잘 느끼지 못했던 많은 이들의 친절함이 마음을 움직인다. 도움을 주는 이들을 생각하며 나보다 더 힘든 사람을 위해 베풀어야겠다는 결심도 한다. 잊지 않으려고 책을 읽고 일상의 흔적을 남기고 있다. 누군가 찾아오지 않으면 어떤가. 그에 대해 생각하고 글로 남기면 될 것을…. 책 속에 길이 있고 펜은 길을 찾는 도구다.

색을 잃어버린 계절

이곳에도 가을이 왔는지 아침저녁으로 공기가 선선하다. 하지만 감각으로 느낄 뿐 색으로는 볼 수 없는 가을이다. 냄새와 바람, 마음으로 먼저 계절을 느낀다. 나머지는 상상력에 의존한다. 그러고 보면 계절이란 때와 장소를 가리는 것 같다. 높은 곳과 낮은 곳, 넓은 곳과 좁은 곳의 가을이 다르다. 시각과 촉각, 미각이 묶여 있으니 계절의 끝과 시작을 알 수 없다. 비로소 깊어져야 시간의 흐름을 알 수 있다.

지난날 경험했던 가을의 정서를 모두 마음속에 펼쳐놓는다. 바스락거리는 낙엽의 소리가 들리고 가을 오선지에 흐르는 억새의 몸짓이 눈에 선하다. 억새가 춤추는 오름의 자락을 걷고 싶지만 마음뿐이다. 교도소 주변의 흔들리는 나뭇가지에서 느끼는 가을은 보이는 게 전부일 만큼 한정되어 있다.

가을은 천고마비의 계절이며 추수의 계절이다. 뭔가를 거둬들이는 농부의 입가에 웃음을 만든다. 밖에 있는 사람들은 수확의 기쁨을 누리겠지만, 과연 나는 무엇을 거둬들일 것인가. 무언가를 뿌려야만 수확의 기쁨도 누릴 수 있다. 하지만 무엇을 뿌렸는지조차 알 수 없으니 난감하다. 멍하니 벽을 쳐다봐도 답이 없다. 공허함만이 사방 벽을 가득 채운다.

가을은 독서의 계절이기도 하다. 책을 읽으며 힘든 마음을 달랜다. 책 종류를 가리지는 않았다. 읽고 싶은 것도 있고 면회 온 사람들이 넣어준 책도 있다. 책을 보내준 사람의 마음을 생각하며 책장을 넘길 때면 그 사람과 교감할 수 있어서 좋다. 책을 고른 이는 전하고 싶은 말을 대신 책에 담았을 거라고 생각한다. 그래서 더 집중하여 읽는다. 반성도 하고 격려도 받는다.

처음에는 어떤 종류의 책을 읽어야 할지 몰라 한동안 망설였다. 면회 온 사람에게도 아무 책이나 넣어달라고 했다. 하지만 이제는 직접 선택하고 부탁도 한다. 잡히는 대로 많이 읽는 것도 좋겠지만, 읽고 싶은 분야에 관한 거라면 더 유익할 거란 생각에서다.

책은 좋은 길잡이가 된다. 직접 경험하지 못한 걸 여러 방식으로 충족시킬 수 있다. 다른 세계를 만날 수도 있고 잠시나마 갑갑한 공간에서 벗어나 자유로움을 만끽하는 데도 도움이 된다. 책 속의 인물이 되어 더 넓은 세계를 만난다. 지금은 일상적인 상황을 글로 남기지만 주제가 분명한 글을 체계적으로 쓰고 싶은 욕망을 가슴에 품는다.

무엇을 어떻게 써야 할지 감이 잡히지 않을 때가 많다. 글쓰기를 본격적으로 배우지 않았으니 당연할 수도 있다. 그렇더라도 책을 읽으며 나름대로 조금씩 터득해 나가려 한다. 중요한 건, 순간순간의 감정에 대해 솔직해지는 것이다. 이곳의 생활과 이곳 사람들의 이야기도 쓰고 싶다.

좀 서툴면 어떤가. 쓰다 보면 조금씩 나아질 수도 있으리라 생각한다. 글에 대한 욕심은, 갓난아기가 걷기를 바라는 것과 다를 바 없을지도 모른다. 그래도 자유의 몸이 되면 글쓰기 공부를 해야겠다. 지금껏 살아오는 동안 마음을 가다듬고 글을 쓸 시간적 여유를 가져보지 못했으니 지금이 기회다. 여기서 책을 읽게 되고 글쓰기를 시작한 것도 어찌 보면 행운을 만난 것과 같다.

그것으로 위안 삼으며 오늘도 하얀 노트에 볼펜을 눌러가며 시간의 여백에 의미를 부여하는 중이다.

고양이, 벗이 되다

날씨가 심상찮다. 비라도 퍼부을 듯 잔뜩 흐려있다. 이런 날은 기분이 착 가라앉는다. 교도소라는 특수성 때문인지 날씨에도 민감해지곤 한다. 평소와 달리 오늘은 기상 시간이 다 되어서야 일어났다. 언제나 청정한 새벽에 하루를 시작하곤 했는데 나름의 규칙이 어긋나고 말았다. 늦게 일어나는 바람에 책 읽기와 글을 쓰지 못해 아쉽고 화가 난다. 날씨 때문이라 탓을 해 보지만 기분이 개운찮다. 답답하여 창문 앞에 섰다. 마음을 진정시키고 있으려니 창문 아래 고양이의 초롱초롱한 눈이 보인다. 반가움에 알은척을 하자 꼬리를 동그랗게 만다.

녀석을 알게 된 건 얼마 전이다. 어느 날, 밖에서 고양이 울음소리가 들렸다. 창문을 열었더니 창 밑에 고양이 한 마리가 있었다. 울음소리가 간절하고 절절하다. 마치 엄마를 찾는 아기처럼 사뭇 애처로움이 섞여 있다. 짠한 마음에 아껴 두었던 소시지를 조그맣게 잘라 던져 주자 순식간에 먹어 치운다.

그 뒤로 녀석은 밥때마다 이곳을 찾는다. 소시지 조각을 던져 주면 훌쩍 뛰어올라 앞발로 낚아채는데 그 모습이 곡예사 같다. 귀를 쫑긋 세우고 있는 게 영리해 보인다. 먹이를 낚아챈 고양이는 주변부터 살핀다. 경계의 대상이 없다는 걸 확인하고 난 후에야 안심하고 먹는다. 토닥거려주고 싶지만 마음뿐이다. 그렇게 고양이는 귀한 벗이 되었다. 헤어질 시간이 되면 눈에 밟힐 때가 한두 번이 아니다.

그런데 녀석이 동무를 데리고 오기 시작했다. 며칠이 지나자 여러 마리로 불어났다. 그 녀석들은 창문 밑에 앉아 먹이를 줄 때까지 얌전하게 기다린다. 그걸 알기에 외면할 수 없다. 이제는 녀석들을 먼저 먹여야 마음 편히 밥을 먹을 수 있다. 한식구가 된 듯 정이 솟는다. 고양이와 눈으로 대화를 나누며 하루하루를 보낸다. 영어囹圄의 몸인 내게 베풀 기회를 주고 벗이 되어 주니 귀한 인연이다. 목메어 갈구했던 것들도 세월이 지나고 보니 대단한 게 아니었다. 이어지고 끊어지고 다시 이어가며 사는 것이 인연이 아닌가 싶다.

주변을 돌아보니 나무의 이파리가 불그스레하다. 진초록 나뭇잎이 시간의 풍화를 거쳐 오늘에 이르렀다. 오랜 기다림이 만들어 낸 자연의 조화로움이다. 나무는 사계절을 묵묵히 견디며 산다. 자연을 거스르지 않고 순응하며 때를 기다린다. 사람처럼 반항하고 원망하며 못난 모습을 보이지 않는다.

기다림이란 막연함을 품은 의미 없는 시간일 수도 있다. 거기에는 정해진 때가 없다는 의미에서다. 그렇지만 믿음을 이어가게 하는 신뢰 같은 게 읽힌다. 내가 나오기만을 학수고대하는 가족도 그렇고 고양이도 마찬가지다. 올지 안 올지 모르면서도 묵묵히 견디는 그 믿음이 마음을 움직이게 한다.

수감 상태에서 때를 기다리는 건 막혀버린 흐름의 연장선을 만드는 일이다. 지금 할 수 있는 일이 시간과 싸우는 것 외에 다른 방법이 없음을 느낄 때면 사람이 더욱 그립다. 창문을 두드리는 바람 소리에도 귀를 곤두세우고 안절부절못하는 나를 본다. 초조함은 덤으로 따라오는 감정의 아류다. '일각여삼추一刻如三秋'란 말을 실감하겠다.

애타게 염원할수록 시간은 더디 흐른다. 물리적으로는 같지만, 생각에 따라 시간은 고무줄이 된다. 늘어나기도 하고 줄어들기도 하면서 감정을 조율한다. 기다릴 때는 한없이 더디 흐르고 붙잡아 두고 싶을 때는 손가락 사이로 빠져나가 버린다.

시간의 공백을 기대와 희망으로 채우고, 때론 불안과 초조함에 내맡긴 채 버텨낸다. 고통스럽지만, 불확정성으로부터 한 줄기 가능성을 움켜쥐게 된다. 그러다 보면 다양한 자아를 만날 수도 있다. 지금의 상황이 답답하고 우울할지라도 끄트머리에는 인고의 시간에 대한 열매가 있을 것이다. 그 믿음과 기대를 온전히 담아 시간에 새긴다.

기다림은 피할 수도 거부할 수도 없는 필연을 품고 있다. 인간이 태어남도 같은 이치가 아닐까 싶다. 의식하지 않아도 매 순간 이루어지고 있는 삶처럼 말이다. 그러니 고통이 따르더라도 삶의 일부분으로 받아들일 수밖에 없다. 산다는 자체가 모두 그렇게 연결되어 있으므로.

고양이의 기다림에는 계산 같은 건 존재하지 않는다. 본능이 시키는 대로 하기에 눈빛이 맑다. 그러니 더욱 외면할 수 없다. 기특한 녀석에게 소시지를 던져 준다. 누군가도 나를 이렇게 무작정 기다릴 거라는 생각에 힘이 난다.

붉은색으로 계절을 갈무리하는 나뭇잎을 바라본다. 억새꽃이 하얗게 피어나고 있을 오름이 눈에 아른거린다. 들녘에는 당근 뿌리가 흙의 기운을 채우며 몸피를 키우고, 푸른 잎은 밭고랑을 넘나들 것이다. 더디지만 이렇게 시간은 흐르고, 또 흘러간다.

제6부

날개를 꿈꾸다

각과 각의 접점

새벽을 여는 사람들

저항과 무저항

망각을 망각하다

동아줄

날개를 꿈꾸다

각과 각의 접점

사방이 벽이다. 수감자들의 시선을 막아놓은 벽, 이곳에서 견디는 일이란 벽과 친해지는 것과 다름없다. 온종일 벽을 대하다 보니 꿈속 세상조차 벽에 갇혀 있다. 프로이트는 자신의 억압되고 잠재된 소망을 꿈이 충족시켜 준다고 하였다. 하지만 벽에 의해 차단된 꿈은 날개를 펴지 못한다. 억압되고 잠재된 소망을 실현할 유일한 수단인 꿈조차 무수한 벽과 벽 사이 각진 공간에 갇혔다.

왜 각져 있을까. 가끔 궁금증이 생긴다. 벽을 바라보고 있으면 무수한 각과 각의 접점이 보인다. 그 접점이 만드는 삭막함이 어깨를 짓누른다. 안 그래도 갑갑한 공간인데 공간 귀퉁이의 뾰족한 모서리가 마치 가시처럼 느껴진다. 영화에 주인공의 위기를 표현할 때 자주 등장하는 가시로 점철된 벽이 이곳에도 있다. 다만 나는 주인공이 아니기에 위기에서 도망치는 반전을 기대할 수 없다. 다가오는 듯 멈춰 있는 벽에 가로막혀 불안에 익숙해지는 것만이 조연인 내가 할 수 있는 전부이다.

그렇다고 가만있을 수는 없다. 부단히 사고의 벽을 헐고자 몸부림친다. 생각을 덮고 있는 지붕을 걷어버리려 애쓴다. 이럴 때는 소음이 오히려 절실하다. 시끄러운 자동차 소리, 사람들이 떠드는 소리, 개가 짖는 소리 등 적막을 깨뜨릴 소리마저 이곳에서는 그립다. 어쩌면 그런 일상을 누리지 못하는 게 죄수들에게는 형벌이다.

답답함이 목까지 차오를 때 숨을 쉴 수 있는 곳은 쇠창살로 가로막힌 창문이 전부다. 창문이라고 하기에는 너무나 작은, 그리고 초라한 작은 구멍에 머리를 갖다 댄다. 바깥바람을 느낄 수 있는 유일한 곳이라 고개를 내밀고 싶지만 마음뿐이다. 팔조차 뻗을 수 없는 쇠창살에서 또 다른 삭막함을 느낀다. 한밤중에도 이곳은 별을 볼 수가 없다. 하늘도 한정된 공간만이 허용된다. 가끔은 별을 고대하지만, 창살 속으로 별은 들어오지 않는다. 달도 눈을 맞추기가 바쁘게 사라져버린다.

담 밖에서라면 원 없이 볼 달이요, 별이요, 구름이건만 이곳은 자연조차도 인색하다는 생각이 든다. 이런 사소한 것들이 더없이 소중해지는 걸 보면 인간에게 필요한 건 궁극적으로 자연이 주는 평화로움이 아닌가 싶기도 하다.

이렇게 단절된 상황에서 어떤 생각을 해야 할 것인지, 현재와 미래는 어떻게 될 것인지 알 수 없다. 벽이 주는 또 다른 답답함이 가슴을 죄어온다. 이런 상황은 항소심이 진행되는 동안 계속될 것이다.

순간에 많은 것을 잃었다. 또 많은 것을 버렸다. 버린다는 것은 쉬운 게 아니다. 고통을 수반하는 과정이다. 오랫동안 손때 묻은 물건을 버리는 것도 아쉬운데 나를 지탱해왔던 일부를 버린다는 건 지극히 괴로운 일이다. 그러나 달리 생각해 보면 버린다는 것은 겉잎을 떼 내고 속을 더 튼실하게 키우는 손길이기도 하다.

항상 바빠서 우왕좌왕하던 예전의 모습과 지금의 모습을 가만히 비교해본다. 피할 수 없으면 즐기라는 말이 생각난다. 사실 즐길 수 있는 곳은 아니지만 받아들이려고는 애쓴다. 그래야만 모든 것이 원만하게 풀릴 것 같다. 벽 안에 갇혀서 벽을 바라보는 일도 수련의 과정이라 생각하면 못할 것도 없다. 벽은 여전히 벽이지만, 생각을 조금 달리하니 사각이 조금은 부드러워 보인다.

새벽을 여는 사람들

다른 날보다 조금 일찍 일어났더니 주변이 깊은 잠에 빠져 있다. 이런 날은 마음이 심란해져서 방안을 둘러본다. 단출한 방이다. 사람이 살아가는 데는 많은 물건이 필요하지만 여기는 최소한의 생활용품만 있으니 단출할 수밖에 없다. 이렇게 좁은 방에서 사람들과 부대끼며 밥을 먹고 잠을 자고 일상생활을 한다. 내 물건이라곤 필수용품 몇 가지가 고작이다. 책을 읽을 수 있는 종이책상이라도 있어서 그나마 다행으로 여긴다. 불편하고 보잘것없는 책상이지만 자주 사용하다 보니 이제는 정도 들었다.

밤사이 어떤 변화라도 있었을까 싶어 창문을 살펴보고 화장실 문을 열어본다. 밖은 칠흑 같은 어둠이 아직 진을 치고 있다. 간간이 귀뚜라미 소리가 희미하게 들려온다. 귀를 기울여야만 높낮이가 구분된다. 가을이 되면서 귀뚜라미 소리도 매일 조금씩 달라지는 것 같다.

혼자 지내는 독방은 혼거 방보다 춥다고 들었다. 그럴 수밖에 없을 듯싶다. 이곳에 와서 깨닫게 된 건 사람의 존재 가치다. 특수한 환경에서 주어진 상황을 견딜 수 있는 건 사람으로부터 비롯된다는 사실이다. 그중 사람의 온기는 추위를 견디는 데 좋은 역할을 한다. 개인의 자유가 박탈되고 생활의 기본만이 허락되는 곳이라 날씨의 변화를 온전히 느낄 수밖에 없다.

밖에서라면 여러 가지 방법을 동원해 더위와 추위를 막을 수 있지만, 이곳에서는 그런 혜택을 누릴 수 없다. 사람의 온기가 큰 힘을 발휘하는 건 겨울이다. 서로 다닥다닥 붙어 잠을 자는 것만으로도 얼마간의 추위를 견딜 수 있다고 들었다. 물론 여름에는 반대로 사람의 체온으로 인해 다툼이 일어나기도 한다.

아직은 더위도 추위도 견딜 수 있는 계절이지만 머잖아 겨울이

올 것이기에 마음의 준비를 하는 게 좋을 성싶다. 창문으로 들어오는 새벽 공기는 겨울을 재촉하고 있는 듯하다. 찬바람이 방안을 기웃거린다. 덜 깬 잠이 확 달아난다. 어둠이 걷히지 않은 이 시간, 생각에 잠긴다. 어제 있었던 일과 새벽의 느낌을 노트에 담으려 한다. 순간순간의 기록이 소중하다. 새벽 네 시 오십 분이 되면 주방에서 움직이는 소리가 들린다. 그 소리만으로도 정확히 시간을 가늠할 수 있다.

주방은 기결수 중에 선발된 자들이 일한다. 그들이 있어서 우리는 매 끼니 밥을 먹는다. 그들은 가장 먼저 새벽을 여는 사람들이고 쉽지 않은 하루의 노동을 시작하지만, 그들의 고생을 당연히 받아들인다. 누군가의 수고로움으로 따뜻한 밥을 먹을 수 있음에도 고마움에 인색하다. 우리가 당연하게 생각하는 것들이 실은 어떤 희생의 대가라는 걸 자주 잊고 산다. 오늘은 마음으로 그들에게 고마움을 전한다. 사람에 대한 고마움을 이토록 절실히 느껴본 것도 처음이다. 삶의 바닥에 엎어지고 나서야 찾아온 자각이 아프다.

가끔은 모든 것을 잊고 정리의 시간을 가진다. 휙휙 지나버리는 순간 속에서도 어떤 의미를 찾는 진지함이 필요하다. 조용히 시간을 더듬으며 여백을 채우는 자성을 배운다.

갇혀 지낸다는 게 많은 걸 포기하게 하지만 달리 생각하면 매우 중요한 경험이기도 하다. 교도소 밖에서는 하루가 쏜살같이 지나 뭔가를 돌아볼 시간이 없었다. 또 다른 자아를 살피기가 어려웠다. 태어날 때부터 완벽한 인간이란 없다. 끊임없는 자아 성찰을 통해서 지나온 길을 더듬어봐야 한다. 지금이야말로 그런 시간이라 생각하면 그저 억울하지만은 않다.

이 시간을 헛되게 보내지 않으려고 책을 읽거나 흔적을 남기는 일에 몰두한다. 후일 내가 남긴 기록들이 미래의 길에 이정표가 되어주리라 믿는다. 과거를 돌아보고 자신을 추스르지 않으면 발전은 없다. 그건 과거에 집착하는 게 아니라 과거의 잘못을 미래의 등불로 삼고자 함이다.

처음 이곳에 들어와서는 빨리 나가고 싶은 조급증 때문에 착잡했다. 갑갑한 곳에서 몸보다 마음에 쇠고랑이 채워진 기분을 떨치기 어려웠다. 몸이 묶여 있지 않은데도 자유로움을 느낄 수 없었다. 하루빨리 이곳에서 벗어나야만 진정한 나로 되돌아갈 수 있을 것 같았다. 현실을 부정하며 속울음을 삼켰다. 한동안 그렇게 깊은 좌절감에서 헤맸다.

지금은 빨리 나가야 한다는 집착을 내려놓으니 마음이 한결 가볍다. 평정을 찾고 나자 비로소 내가 보인다. 남아 있는 날들 동안 새로운 자신을 찾는 일에 몰두할 생각이다. 교도소에서만이 할 수 있는 사색, 이 또한 특별하지 않은가.

저항과 무저항

빠른 흐름 속에 서 있는 기분이다. 법을 집행하는 자에게 저항하거나 공격적으로 대응하는 것은 마치 거대한 파도에 휩쓸리는 것과도 같다. 죽을힘을 다해 헤엄칠수록 더 깊이 가라앉고 기운만 빠진다. 파도에서 벗어나고 싶다면 어찌해야 하는가. 공격이나 저항을 포기하고 순응해야 하나. 그저 흐름과 운명에 몸을 맡긴 채 되는 대로 흘러가야 할까. 갈등은 수시로 찾아들고 길은 하나가 되었다가 둘이 되기를 반복한다.

필사적으로 헤엄치는 건 오히려 익사 가능성이 크다. 차라리 파도에 몸을 맡긴 채 그 방향으로 나아가는 것이 곤경에서 벗어나는 방법일 수도 있다. 파도에 적응하면 물결의 흐름을 타고 나오기가 쉬워진다. 그런데 마음이 쉽게 따르지 않는다. 무저항은 정체성을 흐릿하게 해서 존재의 가치를 떨어뜨린다.

고통과 괴로움에서 벗어나려면 파도를 이용해야 한다. 무저항이 때로는 가장 편안하고 손쉬운 방법일 수 있다. 그러나 때로 법 앞에 꿈틀대는 자아를 무시할 수는 없다. 차가운 법이 인정사정없이 덮쳐올 때 벗어나고 싶은 욕망 같은 것이기도 하다.

인생은 때로 바다와 같아서 순식간에 덮쳐오는 시련을 만나기도 하고 잔잔한 물결에 마음을 놓기도 한다. 당장 눈앞에 펼쳐질 삶을 알 수 없기에 흐르는 대로 맡겨둘 뿐이다. 때로 어떤 예감에 휩싸이거나 감정의 기조에 따라 행동할 때도 있지만 미래를 예측할 수는 없다.

그렇다고 장래에 대한 합리적이고 실제적인 준비가 중요하지 않다는 건 아니다. 예측할 수 없다 하여 손놓고 있는 것은 어리석다. 어떤 상황에서든 당황하거나 실수하지 않도록 준비와 대비가 필요하다. 막상 어떤 일이 닥쳤을 때 현명하게 행동할 수 있는 건 진지하고 사려 깊은 직관력이다.

한때 저항보다는 무저항에 의존하며 지냈다. 두렵거나 실망스럽거나 화가 났을 때, 과거의 어떤 기억 속으로 숨어버렸다. 특히 순간을 모면하고 싶을 때는 더욱 그랬다. 추억은 가장 쉽게 마음을 얻을 수 있는 도피처였다. 현재 상황이 불만족스러울 때 과거는 현재의 나를 나무랐다. '그때는 잘했는데 지금은 왜 이 모양이야.' 하는 식으로 스스로에 대한 비난을 쏟아놓았다. 한순간의 짧은 도피에 불과하다는 걸 알면서도 무저항이 편했다. 결국, 그건 인생에 도움이 되지 않았다. 문제는 해결되지 않았는데 순간이나 현실의 고민을 잊고자 함이었다.

또 한편으로는 현실을 피해버리는 게 상책인 줄 착각했다. 비극적인 미래를 상상하면 더럭 겁이 나서였다. 해답이 없으면 마음은 갈피를 잡지 못하고 바둥거렸다. 하지만 슬프게도 외면은 도피일 뿐, 해결의 열쇠가 아니라는 걸 곧 깨달을 수 있었다. 달콤한 꿈에 잠겨 있다 깼을 때 현실은 한층 더 복잡한 상황에 놓여있기 일쑤였다. 현실을 잊어버리고자 과거와 미래 사이를 방황하는 건 전혀 도움이 되지 않았다. 그 자리만 맴돌 뿐 한 발짝도 나가지 못하고 절망 속에서 바둥거렸다.

언젠가부터 모두 인정하고 받아들이면 고통스럽더라도 마음이 평온하다는 걸 자각했다. 숨을 곳이 없다고 달리기를 멈출 수는 없다. 피하지 않으면 길이 있다는 사실을 깨달았다. 내가 무엇을 하든 중요한 건 바로 이 순간 이곳에 존재한다는 사실 그 자체다. 인정하고 받아들이면 경험은 아주 특별한 것이 된다. 추억이 아름다운 건, 그만큼 가치가 있기 때문이고, 가치를 만드는 건 과거도 미래도 아닌 현실이다.

추억은 기억 속에서 미화되기 일쑤다. 그래서 추억에 의지하는 건 때로 위험하다. 잣대로 삼되 도피를 위한 피난처로 삼을 수는 없다. 추억은 자신을 바로 세우는 데 필요한 저울일 뿐이다.

망각을 망각하다

습관은 쉽게 고쳐지지 않는다. 스스로 만든 습관이나 누군가의 강요에 의해 길든 습관이라도 머릿속에 자리 잡으면 굳어버린다. 어려서부터 빨리하라는 말을 자주 듣고 자랐다. 나이가 들어서도 '빨리'는 나를 통제했다. 미적거리는 게 영 못마땅하다 보니 누구보다 서둘렀다. 어떤 일을 벌여 놓았을 때 장소에 상관없이 빨리 해치우고 싶은 마음이 앞섰다. 어느새 조급증 환자가 돼버린 느낌이다.

비단 나뿐만이 아니다. 우리나라의 민족성이 '빨리'라는 단어에 익숙해 있다고들 말한다. 이런 행동은 우리의 생활 속에 이미 뿌리내린 것 같기도 하다. 민족성이 아니더라도 변하는 시대적 흐름을 무시할 수 없다. 뒤처지면 안 된다는 조바심은 억지로라도 시대에 합류하려는 마음으로 이어진다.

정도를 지나쳐 중요치 않은 일에도 서두를 때가 있다. 분명 나만의 흐름이 있지만 참고 기다리는 데 익숙지 못해서다. 천천히 주변을 돌아보며 기다릴 줄도 알아야 하는데 쉽지 않다. 빨리 가다 보면 살필 게 적어진다는 걸 머리는 아는데 몸은 망각한다. 여유를 가져야만 주위의 소리도 들을 수 있고 풍경을 볼 수도 있는데 말이다. 목적에만 집중하다 보니 과정의 소중한 것들을 잃어버린 듯 허전하다.

무엇이 그렇게 급했던 것일까, 스스로 자문해 본다. 지나고 나서 생각하니 목적에만 치우쳐 소홀히 한 부분이 많았다. 습관처럼 마음을 지배해버린 '빨리'가 눈을 가려버린 것 같다. 매번 다음에는 여유를 갖자고 다짐도 하지만 순간뿐이다. 습관이란 쉬이 고칠 수 있는 게 아니다.

생각해 보면 여유는 삶의 질과 관련되어 있다. 목적한 바를 이루기 위해 자잘한 것들을 보지 못하면 마음에 공허가 자란다. 그 공허를 채우기 위해 또다시 일에 매달리게 되고 계속 반복되는 사이 마음은 황폐해진다. 그렇게 전력 질주하듯 달려온 생이었다. 마라톤을 하면서 완급을 조절하지 않고 거칠게 뛰기만 하다 지쳐서 나가떨어지는 꼴이라고나 할까.

그런 삶을 비로소 되돌아본 건 이곳에 오면서부터였다. 교도소는 나의 내밀한 부분을 살피게 했다. 주관에만 갇혀 있던 내가 보이기 시작했을 때 비로소 변화가 생긴다. 그 변화를 유지하고자 명상과 독서를 한다. 글쓰기는 자신을 성찰할 힘을 키우는 데 좋다. 인내심은 저절로 얻어지는 것이 아니다. 조급한 마음을 내려놓고 나니 허깨비 같았던 내가 보였다. 하루도 빠짐없이 글쓰기를 하는 것도 잃어버린 자신을 찾기 위해서다. 또한 인내심을 키우는 좋은 습관이다.

인내심은 현명함과 융통성을 갖게 한다. 목적만을 위해 주위에 시선을 주지 않았던 건 오히려 목적에 다가가는 길이 아니라는 걸 알겠다. 빨리하기보다는 여유를 가지고 철저하게 준비하는 과정에서 사람은 성숙하고 맘 보자기가 커진다. 일을 성사시키는 중요한 기반도 된다. 조급함 때문에 준비를 소홀히 하게 되면 일은 틀어지기 십상이다. 나중에 후회해봐야 무슨 소용인가.

인내심을 갖는다는 건 자신을 존중하는 일이기도 하다. 자신을 닦달하지 않고 다독거리며 아우른다. 후회하는 일을 사전에 막는 좋은 방법이다. 이곳에서의 생활도 마찬가지다. 많은 이들과 부대끼며 살아가는 일이 만만치 않다. 그러니 매일 견디는 건 당연하다. 이래저래 마음속 깊이 숨어버린 여유를 찾아 헤매기도 한다. 그리고 이 순간이 삶의 전환점이 되리라고 확신한다.

동아줄

기다림은 더 많은 것을 견디게 하고 더 먼 곳을 보게 한다. 캄캄한 어둠 속에서도 빛나는 눈을 갖게 하는 대단한 힘의 소유자다. 거기에는 믿음이라는 단어가 따라붙는다. 나를 도와주려는 사람들의 정성이 지루한 기다림을 깨부순다.

어려운 상황에서 도움을 받는다는 건, 신뢰를 전제로 한다. 남을 돕는다는 것은 행동과 마음이 일치해야 함을 의미한다. 아무리 작은 도움이라도 마음이 움직이지 않으면 힘들다. 그러니 사람의 생사가 걸린 문제에서는 오죽하랴. 서로 도움이 오간다는 건 마음길이 열려야 가능한 일이다.

그러기에 사람 관계에서 도움이란 그리 쉽지 않다. 돕고 싶어도 돕지 못할 때가 있고, 돕고 싶지 않은데도 도와줘야 할 때도 있다. 마음이 있으나 돕지 못하면 괴로운 일이고, 맹목적으로 도와야 할 때는 의미가 반감된다. 또한 물질적인 도움만을 의미하지는 않는다. 고민이나 이야기를 들어주는 것, 어려운 상황에서 동아줄이 되어주는 것은 누군가의 인생을 바꾸기도 한다. 나 역시 그랬다.

남을 돕는다는 건 우산을 들어주는 것이 아니라 함께 비를 맞는 것이다. 원통하고 억울한 일이 있을 때 이야기를 쏟아내는 것으로 마음이 맑아지고 개운해질 때가 있었다. 나에게 고충을 털어놓는 이들도 같은 마음이라 생각한다. 그러나 비를 맞아주지 못할 때는 무능한 자신에게 화가 난다. 비를 같이 맞아줄 수는 없더라도 귀는 항상 크게 열어두고 싶다.

어떤 일을 할 때 조건과 방식에 따라 일의 양과 깊이는 달라진다. 거창한 도움을 외치는 건 진실의 영역이라 하기에는 어렵다. 맹목적인 사랑에서나 가능하다. 타인에게 향하는 마음에는 조건이 있기 마련이다. 그건 한계라고도 할 수 있겠다. 그러니 도움도 도를 지나치지 않는 게 좋다. 손해를 감수하고 나면 마음의 상처를 입을 수도 있고, 관계가 깨어질 수도 있다. 적당한 선을 지키면 관계는 더 아름답게 이어진다.

지금 갇혀 있는 상태에서 할 수 있는 일은 많지 않다. 일방적인 도움을 받는 입장이라 무기력함도 떨치기 어렵다. 그러면서도 마음이 자꾸 가라앉는다. 의존심도 생긴다. 밤늦게까지 고뇌도 깊어진다. 앞으로 어떻게 될 것인지 답답한 마음을 떨칠 수가 없다. 고독 속에 놓여있으면 욕심의 나무도 잘 자라는 모양이다. 도움을 주는 이들의 손을 붙들고 싶은 날이면 밤이 더 어둡게 느껴진다.

과연 나는 남을 위해 최선을 다해 도움을 준 일이 있는가. 손해 보며 남을 위한 적이 있는지 되돌아본다. 그렇게 헌신적인 사람이었는가를 자신에게 묻는다. 주는 것을 좋아하긴 했지만, 실과 득을 철저히 따지지는 않았는지 되짚어본다. 생각은 끝도 없이 밤을 달리고 밤은 아침을 향해 깊어만 간다.

날개를 꿈꾸다

불그스레한 빛이 교도소 창문을 두드린다. 시야를 막아선 잿빛 벽의 어둠 사이에도 햇살이 스민다. 세상 어느 곳이든 아침은 찾아온다. 빛은 때로 위로와 격려, 희망이 되어 준다. 특히, 절망 속에 갇혀 있을 때는 더더욱 그렇다. 새벽녘이 기다려지는 이유다.

10여 년 전 어느 날, 검찰 직원에 의해 갑작스럽게 체포당했다. 그들은 영장을 내밀며 '공직선거법 위반'이라는 설명을 붙였다. 순식간에 벌어진 일이라 당황스러웠다. 영문을 알 수 없는 상태에서 얼떨결에 제주지방검찰청으로 끌려갔다.

수사관의 집요한 심문이 있었지만 아무런 대답도 하지 않았다. 누군가 형벌을 받아야 한다면 내가 짊어지고 고통을 감내하리라. 차츰 마음을 다잡으니 오히려 담담해졌다. 다음날 새벽 3시를 넘겨서야 기본적인 조사가 끝났다. 손목에 채워진 수갑은 가슴을 졸아들게 했다. 잇따라 몇 가지 절차를 거친 후 마침내 제주교도소로 압송되었다.

꽁꽁 언 마음마저 묶인 채로 교도소의 철문을 지났다. 견고한 철문이 지옥문처럼 느껴졌다. 교도관이 건네주는 죄수복을 받았다. 갈아입으니 영락없이 감방에 갇힌 죄인 신세였다. 나와는 전혀 무관한 일이라 생각했던 게 내 일이 되고 말았다. 암담한 외로움의 시작이었다.

몇 차례 재판을 받는 동안 여름이 지나고 가을이 가고 추운 겨울로 접어들었다. 6개월이란 세월이 더디게 흘러갔다. 붙잡고 있던 기대가 무너지면서 1년 징역형 선고가 내려졌다.

그러잖아도 추운 겨울, 교도소의 추위는 상상을 초월했다. 내가 살던 해안마을 기온과는 비교할 수조차 없었다. 밤새 추위를 견디기 위해 뜨거운 물이 담긴 페트병을 안고 잤다. 어렵사리 얻은 것이었지만 새벽이 되면 병마저 싸늘하게 식어버렸다.

매일 침묵의 하루가 열리고 아침마다 누군가를 기다리는 시간이 시작되었다. 막연하지만 기다림은 때로 가슴을 두근거리게 했다. 세차게 부는 바람에도 아랑곳없이 옷깃 추스르며 다가올 예감에 부푼 가슴을 어루만졌다. 벽에 귀를 대어 보기도 여러 번, 가끔 벽으로부터 전해오는 기척을 느꼈다. 누군가가 오고 있음을 알리는 신호였다.

끊임없이 대화를 갈구했지만, 희망일 뿐이었다. 주변에 있던 사람들은 모두 어디로 간 것인가. 싸늘한 벽만 응시한 채 혼자 중얼거리며 위안을 찾으려 할 때마다 주책없이 눈물이 툭툭 떨어졌다. 외로움이 둥지를 튼 마음에 서늘한 바람이 들락거렸다. 은밀하게 옥죄어 오거나 그림자처럼 따라다니며 몸과 마음을 고통의 심해로 유도했다.

세상과의 거리가 멀어질수록 두려움이 바짝 따라붙었다. '왜 홀로 여기에 있어야 하는가?' 습관처럼 중얼거려 보지만 밀폐된 공간의 적막 속으로 금세 묻혀 버렸다. 아무리 부정하고 자위해도 한 평 남짓한 공간에 홀로 남겨져 있을 뿐이다. 어디서부터 잘못되었는지 뒤엉킨 실타래는 풀리지 않고 대책 없는 잡념들만 웃자랐다.

엉킨 매듭을 풀어보려 해도 헛손질만 이어졌다.

누구를 탓한들 무슨 소용인가. 새롭게 만들어진 길 위에서 운명처럼 다가선 낯선 선택과 타협하며 살아남을 수밖에 없다. 독방에서 할 수 있는 것이란 책을 읽거나 글쓰기가 전부다. 이마저 없었다면 죽음 같은 시간과 마주서야 할 판이었다. 사각 방이 몸을 구속했을지언정 마음마저 빼앗기고 싶지는 않았다. 노트를 펼치고 펜을 세웠다. 한 몸 겨우 드러누울 수 있을지라도 다행이라 여겼다.

교도소에서는 교도관의 명령이 곧 법이었다. 자율적인 행동은 금지였다. 어떻게 살아왔고, 앞으로 어떻게 살아갈 것인가에 대해 누구도 관심이 없다. 단지 현실에 처한 '554번'이라는 수인 번호로만 존재했다. 이름마저 잃어버리니 더욱 참담했지만 살아남아야 할 공간이라는 생각에 마음을 다잡았다. 두려움이 산처럼 앞을 가로막을 때면 돌아가신 어머니를 떠올렸다. 사람이 그립고 또 그리웠다.

낙엽 지는 가을을 맞을 때 외로움이 더 크다고 하지만, 사치스러운 이야기다. 싸락눈이 분분히 흩어지는 한겨울, 짙은 아침 햇살이 온몸으로 스며들 때도 외로움은 뼛속 깊이 파고들었다. 가로막고 있는 저 싸늘한 벽을 원망한들 무슨 소용이겠는가. 쇠창살을 부여잡고 몸부림을 쳐보지만, 되레 태풍 같은 찬바람만 일렁였다. 상황을 받아들이며 그저 수긋하게 지내야 하는 운명이 가혹했다. 모든 것을 감수하며 자신 있게 지낼 수 있을지 걱정이 앞섰다. 창밖에서는 새가 자유로이 날아다녔다.

새가 되고 싶었다. 보잘것없고 작은 새인들 어떠랴. 날다가 비록 이카로스처럼 추락할지라도, 담장 밖에서 맘껏 날아볼 수만 있다면 여한이 없을 것 같았다. 희망은 단단한 벽에 막혀 자주 부딪치곤 했다. 안과 밖의 세상이 확연히 다르다는 것을 익혀갔다. 하늘을 마음대로 날아다니는 새의 자유가 무한히 부러웠다. 갇혀 있음으로써 비로소 자유의 소중함에 눈을 떴다.

저 멀리 창공을 가르며 새 한 마리가 날아간다. 하늘을 자유롭게 날아다니는 새를 보며 눈물을 흘릴 때가 많았다. 이미 지난 일이지만, 지금 생각해 보면 그곳에서의 생활이 어두운 기억으로만 남은 건 아니다. 삶을 뒤돌아보며 반성할 수 있는 계기를 만들어 주기도 했으니 말이다. 이제는 훨훨 날을 수 있는 세상에서 추락을 걱정하지 않는다. 다만 아직도 담 안에 갇혀 있을 사람들을 종종 생각하곤 한다. 그들의 날개에도 희망이 깃들기를 소망하면서….

| 작품 해설 |

존재와 부재의 현상학
– 김백윤의 수필 세계

허상문

1.

수필은 본질적으로 자아를 통하여 존재와 세상의 의미를 언어로 표현하고자 하는 문학 양식이다. 말하자면 수필 문학은 '존재의 언어성'과 '언어의 존재성'을 가장 잘 보여주는 문학이다. 철학자

허상문

영남대학교 명예교수, 문학평론가.
문학평론집: 『문학과 변증법적 상상력』, 『현대문학비평론』, 『오디세우스의 귀환』, 영화평론집: 『우리 시대 최고의 영화』, 수필집: 『오디세우스의 유랑』, 『시베리아는 눈물을 흘리지 않는다』, 『실크로드의 지평에서』, 『기억의 풍경』, 『낙타의 눈물』, 『리스본의 야간열차』, 수필평론집: 『존재와 초월의 미학』, 『프로메테우스의 언어』, 『우리 수필의 이상과 현실』 수필이론서: 『수필 수업』 등이 있음, 수상: '신곡문학상' 대상.

M. 하이데거가 말하는 바의 "언어는 존재의 집이다."라는 언표에 가장 잘 어울리는 문학이 수필이라 할 수 있을 것이다. 존재가 언어를 통하여 자신을 표현하고자 하기 때문에 언어는 존재의 집이 된다. 또한 그곳에 인간존재가 거처하는 한, 언어는 인간의 집이기도 하다. 현대의 복잡다단한 삶에 감추어진 존재와 세상의 진리를 탐색하는 것이야말로 수필 문학의 본령이라 할 수 있다.

수필가 김백윤이 수필집 『해녀와 초가집』을 출간한다. 그의 수필을 읽다 보면, 존재의 집에 난 창을 통하여 세상과 인생의 모습을 바라보고자 하는 작가의 모습과 그 존재의 이면에 드리워진 부재에 대한 회한이 공존하고 있음을 느끼게 된다. 말을 바꾸면, 그의 수필은 세상과 삶에 대한 존재론적 경험을 따스한 시선으로 형상화하고자 노력하는가 하면, 어느 순간 일상의 논리를 훌쩍 뛰어넘어 미지의 부재하는 공간으로 나아간다. 우리의 삶이란 복잡한 존재의 소용돌이로 출렁이는 곳이며, 동시에 이를 넘어서 보이지 않는 부재의 세계를 한꺼번에 살아야 하는 공간이다.

김백윤은 그의 삶에 포착되는 동질적인 세계와 이질적인 세계를 종합적인 문학적 상상력으로 동시에 포착하고 활용한다. 지금 '여기'의 시간과 공간에서 태어난 그의 문학은 먼 '저기'의 또 다른 세계로 잠입해 들어가는 현상학이라 할 수 있다. 이를테면 김백윤 수필의 주요한 일차적인 존재론적 공간은 제주의 어느 조용한 어촌이다. 그의 수필은 평화로운 어촌의 나그네를 위해 아득한 숙소가 되어준다. 그러니 그의 안내를 따라 우리는 '갯바위' '돌담' '바다' '오름'을 거닐다가 그의 '초가집'에서 머무는 체험을 하게 된다. 그의 초가집은 멀리 있는 것도 아니고 주인 또한 따로 있지 않다. 그곳은 바로 이 번잡한 세속의 현실 속에서 떠도는 우리가 도달할 수 있는 마지막 존재의 거처가 될 수 있는 곳인지 모른다.

이렇게 그의 수필은 한편 존재에 대한 안주와 탐색을 이루면서 타자(세상)를 향한 낯선 모험을 거듭한다. 관심의 대상과 표현방식은 조금씩 다르지만, 시선은 항상 자신에서 웅성대는 '나'로부터 동시에 타자를 이해하기 위한 곳으로 나아간다. 이것은 바로 존재하는 나의 세계로부터 부재하는 타자의 세계로 나아가기 위한 탐색이다. 그러면서 그의 작품은 나의 삶을 타자의 삶으로 혹은 타자의 삶을 나의 삶으로 전화轉化시킨다. 더 나아가 우리가 쉽게 닿을 수 없는 나와 타자의 삶의 경계에 이르게 되어 다른 인간과 시간과 관계의 가능성을 발견하고자 한다. 그리하여 그의 수필은 세상의 경계에 서 있는 다양한 존재들이 등장하며, 이들의 목소리는 안과 바깥, 나와 타인, 이편과 저편에 있는 것들을 호명한다. 요컨대 존재하면서도 부재하는 것, 부재하면서도 존재하는 것들에 대한 탐색이 김백윤 수필의 본질이다.

2.

수필의 진정한 의미는 존재와 부재로 추동되는 그 흔적들의 진화 과정이라고 할 수 있다. 따라서 '수필 쓰기'와 '수필 읽기'는 존재와 부재의 의미를 끊임없이 재생산하는 행위이며 과정이다. 모든 사람의 일차적 존재 찾기는 긍정적이든 부정적이든 그의 일상에서 일구어진다고 할 수 있다. 우리의 삶 속에 오만하게 버티고 있는 존재의 실체란 기실 유동하며 반복되는 일상에서부터 출발하기 때문이다. 일상이란 태양이 매일 뜨고 지는 현상은 물론 재생산되는 삶의 과정을 의미하는 것이다. 김백윤 수필을 형성하는 일상성도 존재의 다른 이름이다. 작가로서 시작되는 그의 일상적 삶의 단편을 살펴보자.

> 고요한 아침, 바다의 문을 연 태양이 물살을 박차고 얼굴을 내민다. 햇빛이 단숨에 달려와 호수에 풍덩 빠진다. 몸을 말끔히 씻은 햇살은 돌담을 어루만진 뒤 초가지붕 위에 사뿐히 올라앉는다. 아내는 테왁과 망사리를 손보느라 바쁘다. 물질하러 가는 날은 어느 때보다 활기에 차 있다. 초가와 아내가 안온한 풍경으로 다가온다. 글을 쓴다는 건 얼마나 가치 있는 일인가. 소중한 순간을 기록할 수 있으니 말이다. 일상의 풍경이 특별하게 다가오고 이미지화되어 가슴으로 스며들 때 팔딱이는 글의 숨결을 느낀다.
>
> ―'작가의 말'에서

고요한 아침에 바다의 문이 열리고, 아내는 테왁과 망사리를 손보느라 바쁘고, 그러면 초가와 아내가 안온한 풍경으로 다가온다. 이런 소중한 풍경의 순간을 글로 기록할 수 있다는 사실에 작가는 삶의 희열을 느낀다. 한 작가의 삶의 서사는 곧 문학의 서사이기도 하다. 삶의 서사를 통해 새로운 문학적 공간을 구성하는 일은 존재의 의미를 모색하는 일과 같다. "일상의 풍경이 특별하게 다가오고 이미지화되어 가슴으로 스며들 때 팔딱이는 글의 숨결을 느낀다."라는 말대로, 작가에게 일상적 서사는 바로 삶의 존재 의미를 찾고, 문학적 서사를 일구는 작업이다. 이렇게 김백윤 수필에서 존재의 의미 찾기는 삶의 근거에 대한 깊은 확인에서 비롯된다.

하늘을 머리에 이고, 오랜 세월을 버텨온 의지가 마디마디 반듯한 형태로 거듭났다. 비바람에 쓸린 흔적과 불볕더위에 데인 상처는 아물고 덧나기를 여러 번 반복했으리라. 그래서일까. 오히려 단단해진 줄은 지붕을 꼭 끌어안고 있다. 70여 년 동안 고수해온 집이다. 이엉도 여러 차례 새것으로 바뀌었고 줄도 다시 매어졌다. 하지만 그것들은 동떨어진 게 아니었다. 하나이면서 전부이고 전부이면서 하나였다. 그렇게 이어지기를 반복하며 현재에 이르렀다.

—「집줄」에서

그 후 초가는 삶의 터전으로, 어머니를 향한 사모곡의 성지로 자리매김했다. 집안 곳곳에 배어있는 어머니의 숨결은 물론 형제들과 함께했던 지난날의 추억을 고스란히 지키고 싶다. 새마을 사업의 힘을 빌리지 않더라도 재량으로 지붕을 개량할 수 있었지만 끝내 초가를 지켰다. 왜 고생을 자처하느냐는 주위 사람들의 염려에도 마음은 바뀌지 않았다. 그리고 지금도 바꿀 마음이 전혀 없다. 단지 불편함을 무릅쓰는 아내에 대해 미안함만은 여전하다.

—「초가집이어도 좋다」에서

위 작품들에서 '집줄'은 "하나이면서 전부이고 전부이면서 하나"이며, '초가'는 "어머니를 향한 사모곡의 성지"인 삶의 터전이다. 김백윤의 수필에서 화자는 빈번히 누군가와의 합일을 꿈꾼다. 그가 꿈꾸는 타자와의 합일이란 바로 자기 존재의 안정성, 즉 통합된 자기 정체성을 향한 욕망이다. 말을 바꾸면 여기서 자기 정체성을 위한 욕망이란 단순히 타자와의 합일을 위한 욕망은 물론 나 자신을 위한 합일의 욕망인 것이다. 그의 수필에서 자아의 존재론적 근원에 대해 집요할 정도로 나타나는 탐색은 타자화된 자아의 내부에 도사리고 있는 자아의 부재에 대한 탐색이라 해도 지나치지 않다. 앞서 이야기한 대로 작가가 바라보는 바다, 돌담, 갯바위, 오름을 바라보는 작가의 심정에서도 이런 감정은 잘 드러난다. 이들은 모두 작가에게 삶의 터전인 동시에 이들에 대한 깊은 사랑의 마음은 자기 존재의 확인을 위한 중요한 화소로 기여한다.

예컨대 바다에 대한 작가의 인식을 살펴보자, 어제까지만 해도 세상의 모든 것을 다 품을 듯한 아늑함과 평화로움이 깃들어 있던 바다가 갑자기 성난 울음을 운다(〈바다의 변주곡〉). 바다는 작가에게 고통이며 희열이고, 희망이며 절망이기도 하다. 김백윤의 수필에서 때로 바다는 자연을 표상하면서 자연과 인간의 관계를 새롭게 살필 수 있게 하는 상징으로 등장한다. 그의 수필에서 땅과 바다는 풍경을 만들고 존재와 세상을 만든다. 땅과 바다 사이에는 무수한 경계가 놓여 있다. 사람과 세상, 어둠과 빛, 절망과 희망이 놓여 있다. 작가는 자신이 몸담아 살고 있는 땅의 경계와 바다의 경계를 탈경계화하면서 한몸으로 교통하고자 한다. 이렇게 그의 존재에 대한 확인은 무엇보다 자연과 인간, 사람과 사람 사이의 관계에 의해서 이루어지고 있다. 특히 그에게 어머니와 아내는 가장 소중한 존재의 인식 대상이다.

있는 듯 없는 듯 늘 옆에서 같이하고, 깊이를 알 수 없어도 늘 품어주는 아내는 호수를 닮았다. 생명을 살리는 호수처럼 아내의 마음에도 끊이지 않는 깊은 샘물이 있는 것을 안다. 그 샘물로 인해 탁한 마음이 정화되는 것도 이제는 알겠다.

호수를 바라보며 사색에 잠겨 있는 동안 아내가 잠에서 깼는지 발소리가 들린다. 오늘은 아내와 마주앉아 물안개 걷히는 호수를 함께 바라보고 싶다.

—「물질하는 아내」에서

> 삶을 이야기하려면 어머니를 빼놓을 수 없다. 오름과 어머니는 같은 품을 가진 것처럼 닮아있다. 많은 이들이 오르고 또 오르는 이유는 오름이 곧 삶이라 생각해서다. 질곡의 생을 묵묵히 견디며 살아가는 사람들, 그들의 이야기가 돌고 돌며 잇고 이어지는 게 역사다. 오름을 오르내리는 많은 발자국에도 삶은 담겨 있고 이어진다. 사실 오름에서는 오름을 볼 수 없다. 빗겨나야만 보인다. 우리의 삶도 중심에서는 전체를 볼 수 없다. 변방에 서야 본질을 헤아릴 수 있다.
>
> —「종달오름」에서

「물질하는 아내」와 「종달오름」에서 작가는 아내와 어머니에 대하여 가없는 사랑의 마음을 드러낸다. 「물질하는 아내」에서 낯모르는 타인이 만나 부부로서 인연을 맺고 살아간다는 것이 우리의 생존에 어떤 의미를 주는 것인가라는 질문을 던진다. 진부한 표현대로 부부는 꿈을 먹고 꿈에 속아 사는 존재인지 모른다. 실로 부부는 작은 꿈을 먹으며 그 꿈속에서 사는 존재이다. 또한 작가에게 어머니는 제주의 역사를 고스란히 간직하고 있는 오름이나 초가와 같은 존재이다. 초가가 어머님을 기억하고 추억하는 유산이듯이, 작가에게 어머님의 숨결은 아직도 느낄 수 있는 '최고의 사

랑'이라고 이야기된다.(〈집줄〉)

우리들은 흔히 '사랑'을 생각하지만, 세속적 의미에서의 사랑은 쉽사리 미움과 증오로 변한다. 그러나 진정한 의미에서의 사랑과 자비는 애증의 대립을 초월한 순수한 마음에서 우러나는 것이다. 사랑이라는 것은, 예컨대 에리히 프롬이 『소유냐 존재냐』에서 이야기했듯이, 그것이 '소유 양식'으로 구성되는가, 아니면 '존재 양식'으로 구성되는가에 따라 상반된 의미를 가지게 된다. 소유 양식으로서의 삶과 사랑은 물질적 가치를 소유하는 것과 같은 욕망의 충족을 우선하는 방식이지만, 존재 양식으로서의 삶은 사랑 · 자유 · 자아 등 진정한 정신적 가치를 중시하는 것이라 할 수 있다. 인간관계와 사회의 모든 면에 있어서 미움은 마음을 병들게 하는 독이 되지만, 사랑과 자비는 영혼을 치유하는 약이 된다는 평범한 사실을 우리는 망각하며 살아가고 있다. 이런 의미에서 김백윤의 수필에서 드러나는 존재 양식으로서의 삶의 태도는 우리에게 진정으로 필요한 삶의 가치가 무엇인가를 생각하게 한다.

김백윤의 수필에서 존재의 확인은 삶과 일상과 인간을 통하여 다양하게 이루어지고 있다. 또한 진정한 존재의 확인을 위하여 미움 속에서 사랑을, 죽음 속에서 생명을 살려내고 키워나가는 것이 우리의 삶에서 얼마나 소중한 것인가를 여실히 보여주고 있다. 이런 의미에서 김백윤에게서 글쓰기의 개별성은 보편성으로 이어지는 모습을 보인다. 작가는 인간과 삶에 녹아있는 현실의 보편성을 찾고자 하며, 이는 작가의 존재에 대한 진지한 물음에 다름아니다. 논리의 비약을 무릅쓰고, 김백윤의 수필은 추함을 극단으로 밀고 나가면 아름다움이, 미움의 끝자락에 도달하면 사랑이 도출되는 개별자와 보편자의 상호 길항의 노정 속에서 이루어지는 수필 미학을 구현하고 있다.

3.

존재의 의미는 본질적으로 그 부재와 결여에 대한 인식에 의해 이루어진다고 할 수 있다. 존재는 타자와의 관계를 통해서 이루어지는 본래적인 속성을 지니고 있는 것이 아니라, 그들이 어떠한 구조 안에서 획득되는 상호작용에 의해 이루어진다. 이런 의미에서 존재와 부재는 서로를 동시에 비추어 볼 때에야 온전한 의미 획득이 가능해진다. 라캉의 어법을 빌리면, 이것은 곧 존재가 상징계에서의 차이와 변별에 의해 위치지어진다는 것을 의미한다. 다시 말해 존재는 그의 위치를 발견하게 되는 대타자와의 관계이다. 이런 관계는 대타자 그 자체처럼 결여에 의해 특징지어지며, 그리하여 모든 존재는 상실과 결여를 극복하려는 욕망을 일으키며 구성된다.

모든 사람은 삶에서 행복과 기쁨의 시기와 더불어 고통과 슬픔의 시기를 맞게 된다. 수필가 김백윤도 어느 시기에 감옥에 갇히는 영어囹圄의 몸이 된다. 『365일, 교도소를 읽다』라는 그의 산문집에서도 잘 나타나듯이, 이 시기에 작가는 자유를 앗기고 구속되는 고통의 시간을 맞게 된다. 이때의 경험을 다룬 작품이 이 책의 5, 6부를 구성한다. "사방은 차갑고 막막한 벽이었다. 마음도 벽에 갇힌 듯 부자유스러웠다. 한 줄기 햇살과 바람에 의지하던 때 고양이는 친구가 되었고 책은 자유의 다른 이름이었다. 노트를 가득 채운 그때의 느리게 흐르던 시간, 지나고 보니 그때가 인생의 터닝 포인트였다."('작가의 말')는 진술대로, 이 시기에 작가는 삶에서 극단적 부재와 상실의 체험을 하게 된다. 「각과 각의 접점」, 「새벽을 여는 사람들」, 「저항과 무저항」, 「망각을 망각하다」는 모두 상실된 시간과 인간에 대한 깊은 절망의 기록이다.

이 과정에서 작가는 이루지 못한 삶에 대한 회한, 상실과 부재, 자유와 시간의 소중함 등의 다양한 체험을 하게 된다. 여기서 그는 무엇보다 시간 상실의 의미를 생각하며 '시간의 빛깔'을 그려 본다.

> 이곳에서도 밖에서처럼 즐거운 일, 괴로운 일, 안타까운 일을 매일 겪는다. 그러나 순간순간 내가 느끼는 시간의 빛깔은 다르다. 어떤 건 마음에 씨앗을 내려 꽃을 피우는가 하면, 어떤 건 가슴에 시퍼런 멍을 남긴다. 모두 시간이 한 일이다. 시간은 온갖 일들을 아름답게 채색하기도, 아프게 담금질하기도 한다. 그런 시간을 되돌아보며 미소 지을 여유가 오긴 올 것인가.
>
> —「시간의 빛깔」에서

삶에서 누구나 시간의 소중함을 느낀다. 시간이란 세계의 모든 변화의 과정에서 유지되고 있는 어떠한 현상이며 인간이 외부 세계와 맺는 관계의 접점이기도 하다. 작가는 '시간의 빛깔'은 시간 스스로 채우는 것인가 아니면 시간이 처음부터 빛깔을 가지고 있는 것일까, 라고 묻는다. 또한 "내가 채우는 시간은 후에 어떤 색으로 추억될까. 그들과 함께한 시간은 날마다 가치 있었다고 당당하게 말할 수 있으면 좋겠다."(「시간의 빛깔」)라고 소망한다. 시간의 힘에 의해 깎여나가는 삶의 모서리들은 화자의 "가슴에 시퍼런 멍을 남긴다. 모두 시간이 한 일이다. 시간은 온갖 일들을 아름답게 채색하기도, 아프게 담금질하기도 한다." 엄습한 교도소의 습기와도 같은 작가의 심정은 무수한 균열들 사이로 내비치는 존재의 쓸쓸하고 텅 빈 동공을 환기시킨다. 그에게 '시간의 빛깔'은 마치 파스텔화처럼 현재와 과거의 윤곽이 흐려지며 뒤섞이는 어떤 비의秘義의 공간으로 우리를 이끌어간다. 마침내 이런 상실된 시간에 대한 체험은 인간에 대한 부재의 체험으로 확산된다.

> 갇혀 있다는 건 누군가에게로 갈 수 없다는 의미다. 그러니 상대방이 내게로 와 주어야 한다. 와 주지 않으면 만날 수 없고, 시간을 나눠 가질 수도 없다. 능동적이지 못하고 수동적일 수밖에 없는 기다림이다. 밖에서 별로 가까이 지내지 않던 사람이라도 여기에서 본다면 반가울 것 같다. 그만큼 사람이 그립다.
>
> 하루가 시작되면 오늘은 누군가 찾아오지 않을까 하는 기대를 가슴에 품는다. 찾아올 사람이 전혀 없는데도 혹시나 하는 마음이 가시지 않는다. 특히 지금처럼 사방이 벽으로 둘러싸인 공간에서 끊임없이 감시당하는 생활을 하다 보면, 누군가의 방문이 더욱 간

절하다.

—「기다림에 대하여」에서

실제 우리의 인연이라는 것은 어디까지이며 얼마나 지속될지 알 수 없다. 우리의 기다림이란 "와 주지 않으면 만날 수 없고, 시간을 나눠 가질 수도 없다. 능동적이지 못하고 수동적일 수밖에 없는" 것이다. 한번 지나가면 그만이고 갈림길에서 다시는 되돌리지 못하는 것이 인연이다. 마찬가지로 인간관계라는 것도 좋아하는 물건들을 유리 전시장 안에 넣어 보관하듯 그렇게 보관될 수 없다. 〈기다림에 대하여〉에서 작가의 강조가 아니더라도, 사람들 사이에 맺어지는 관계나 어떤 사물과 관계되는 연줄은 아무리 강조되어도 지나침이 없다. 이 관계와 연줄은 바로 인간 삶의 총화이기 때문이다. 누군가를 보고 싶어 하는 그리움의 감정도 그것이 단절될수록 더욱 짙게 나타나는 법이다. 마침내 김백윤의 부재에 대한 회한은 초월을 꿈꾸게 된다.

그는 새가 되기를 소망한다. 보잘것없고 작은 새이지만, 날다가 비록 이카로스처럼 추락할지라도 날아보기를 원한다. "안과 밖의 세상이 확연히 다르다는 것을 익혀갔다. 하늘을 마음대로 날아다니는 새의 자유가 무한히 부러웠다. 갇혀 있음으로써 비로소 자유의 소중함에 눈을 떴다." 그는 날개를 꿈꾸고, 한 마리 새가 되어 창공을 날아가고자 한다.

> 저 멀리 창공을 가르며 새 한 마리가 날아간다. 하늘을 자유롭게 날아다니는 새를 보며 눈물을 흘릴 때가 많았다. 이미 지난 일이지만, 지금 생각해 보면 그곳에서의 생활이 어두운 기억으로만 남은 건 아니다. 삶을 뒤돌아보며 반성할 수 있는 계기를 만들어 주기도 했으니 말이다. 이제는 훨훨 날을 수 있는 세상에서 추락을 걱정하지 않는다. 다만 아직도 담 안에 갇혀 있을 사람들을 종종 생각하곤 한다. 그들의 날개에도 희망이 깃들기를 소망하면서….
>
> —「날개를 꿈꾸다」에서

작가는 이제 하강과 상승을 거듭하는 날개를 가진 새가 되고자 한다. 이 험난한 세상에서 날개가 있다는 것은 축복이면서 동시에 저주이다. 날개는 바다를 건너거나 창공을 향하여 날아갈 수 있지만 거칠고 험난한 바람을 만나면 한순간 추락하게 된다. 이카로스처럼 우리는 마음껏 하늘을 날아가지만 태양의 열기로 인하여 바다로 추락하게 된다. 이카로스는 존재의 부재를 초월적 비상으로 감당하고자 했지만, 그것은 바로 존재의 결여이며 부재에 대한 확인이었다.

사람들은 누구나 자신을 에워싸고 있는 모든 것에 대하여 현존감을 잃어버리고 무화되는 듯한 느낌을 가질 때, 희망의 날개를 달고 훨훨 날 수 있게 되기를 소망한다. 마찬가지로 김백윤의 경우에도 부재의 탐색은 결국 또 다른 자기 존재의 탐색이라 할 수 있다. 부재란 존재의 상실 또는 결여이기 때문에, 그 결여를 메워 존재의 충만함을 이루려는 욕망을 낳는다. 새가 잠들 때 이 세상도 잠든다. 또한 새가 비상할 때 세상은 다시 깨어나 새로운 움직임을 시작할 것이다. 다시 움직이는 세상 속에서 잠 깬 작가는 영원히 새로운 삶과 문학을 꿈꾼다.

4.

거칠게 말해 모든 문학의 궁극적인 목적은 이 힘겹고 고달픈 차안此岸의 세계에서 인간과 삶의 현존재를 확인하고, 그 너머의 아득한 피안彼岸의 세계를 꿈꾸는 작업이라 할 수 있다. 인간은 궁극적으로 죽어서 소멸할 수밖에 없는 유한한 존재이기 때문에, 그에게 가능한 초월은 언제나 살아 움직여서 불멸하는 무언가를 남겨놓는 것이다. 그것은 우리가 언젠가는 맞이하게 될 최후이자 다시 되돌릴 수 없는 죽음의 벽 앞에서 '내가 여기 존재했었다.'라고 글로 남겨놓는 흔적일 것이며, 작가에게 그것은 그가 남기는 한 편의 텍스트이다. 말하자면 수필은 불가능한 회피의 고유한 흔적들, 우리가 회피할 수 없는 삶의 흔적들로 이루어진다. 세상 속에 내던져진 존재와 삶의 의미, 그리고 그 너머 초월의 세계를 수필은 한없이 고뇌하며 방황하고 있다.

김백윤은 삶의 희망과 환희가 모여 있는 존재의 거처, 그 속에서 회한과 절망으로 남은 부재에 대한 흔적을 문학적으로 표현해내고 있다. 김백윤의 작품에서 존재와 부재는 포개져 있으며 그 사이에서 숱한 갈등과 고뇌가 생겨나고 있다. 한 작가의 시선이 진정한 삶과 존재를 향할 때 그의 문학은 보다 역동적인 궤적을 보여주지만, 죽음과 부재를 향할 때 그의 문학은 허무주의에 접근한다. 하지만 김백윤은 허무를 회피하려 하기보다는 적극적으로 받아들이고자 하는 입장을 취한다. 그는 삶의 무의미성과 세계의 텅 빔이라는 존재의 비밀을 상쇄시켜 줄 수 있는 다른 삶과 세계에 대한 회한의 깊이를 끝까지 응시하고자 한다. 그럼으로써 그는 자신에게 남은 삶의 회한과 부재를 새로운 존재론적 구축을 위한 활력으로 재생시키고자 하는 것이다. 그것은 바로 호수에 가득 차 있는 "철새가 견뎌야 할 외로움"이나 기다림(「철새와 노인」)을 감당하고자 하는 태도에 다름아니다.

이제 김백윤에게 중요한 사실은 새로운 문학의 출발점에 다시 서 있게 되었다는 사실이다. 그의 문학적 연륜은 아직 젊기 때문에, 삶에서 그랬듯이 문학에서도 더 많은 것을 성취하기 위해 더욱 높이 날아야 할 것은 분명하다. 그의 수필이 보여준 삶과 문학에 대한 진지한 존재론적 고뇌는 새로운 희망과 도약을 예고하고 있다. 그러나 김백윤의 문학이 서 있던 가파른 존재의 벼랑은 앞으로 더욱 험난한 것일지도 모른다. 그 길을 회피하지 않고 맞서 헤쳐가야 하는 것은 오롯이 작가 자신의 몫이다. 수필집 『해녀와 초가집』의 출간을 계기로 김백윤의 수필 세계가 비로소 그의 고향 하도 앞바다와 같이 활짝 열리기를 기대해 본다.

김백윤 수필집

해녀와 초가집

인쇄 2021년 11월 10일
발행 2021년 11월 15일

지은이 김백윤
발행인 서정환
펴낸곳 수필과비평사
주소 서울시 종로구 삼일대로 32길 36(익선동 30－6 운현신화타워) 305호
전화 (02) 3675－3885, (063) 275－4000 · 0484
팩스 (063) 274－3131
이메일 sina321@hanmail.net essay321@hanmail.net
출판등록 제300－2013－133호
인쇄 · 제본 신아출판사

ISBN 979-11-5933-373-6 03810

값 15,000원

Printed in KOREA

* 이 책은 2021년 Jeju 제주특별자치도 JFAC 제주문화예술재단의 문예진흥기금을 지원받아 발간했습니다.